具體 抽象 思考術

高手這樣切換邏輯，AI 時代最強武器

細谷功 著
林以庭 譯

「具体 ⇄ 抽象」トレーニング 思考力が飛躍的にアップする 29 問

目錄

前言……10
●人類智識的「縱軸」與「橫軸」……10
●活用ＡＩ，或被ＡＩ取代……11
●具體與抽象思考，讓你看到不同的世界……13
●本書的結構與目的……14
●人生不是考試，沒有正確答案……16

第1章 具體與抽象為什麼重要？……19
●溝通有落差？具體與抽象搞的鬼……20
●太具體了，才會聽不懂？……21
●正在肆虐的「抽象病」與「具體病」……24
●解決問題的三種模式……27
●租房還是買房？問題背後的問題……29
●虛構與現實：《人類大歷史》的啟發……34

●知識的「橫向」與「縱向」發展……35
●數位化提升了商業的抽象程度……41
●知識一定是力量嗎？……44
●橫向世界有正確答案，縱向世界則無……45
●網路＋手機＋社交網路，讓思考「扁平化」……46
●穩定期的具體、變革期的抽象……47
●ＡＩ將會終結知識社會？……48
●用具體與抽象的視角，避免各種無意義的爭吵……50

第2章 具體與抽象是什麼？

第2章 具體與抽象是什麼？……53
●具體與抽象是什麼？……54
●用語言層次來看具體與抽象……56
●特殊的是具體，普遍的是抽象……58
●能用五感感受的實體、不能用五感感受的概念……59

●具體⇅抽象金字塔……60
●抽象就是事物之間的關係……67
●具體是樹葉，抽象是樹幹……69
●具體的自由度小，抽象的自由度大……69
●具體是公倍數、抽象是公因數……71
●具體是萬物同等，抽象是做取捨……75
●一切事物都有的「雙層結構」……76

第3章 抽象化是什麼？

第3章 抽象化是什麼？……81
●抽象化的過程……82
●抽象化是「歸納為一」……83
●抽象化是「劃界」……85
●抽象化是「一言以蔽之」……86
●抽象化是「選擇性地截取」……87

● 抽象化是「為了達到目的」……88
● 抽象化是「捨去」……91
● 抽象化是「用語言或圖像表達」……92
● 抽象化是「提高自由度」……92
● 抽象化是「增加維度」……93
● 抽象化是「連結無形的線」……93
● 抽象化是「打破雙面鏡」……99
● 抽象化是「問 Why」……103
● 抽象化是「後設認知」……103
● 抽象化是「大局觀」……104
● 知識量不影響「抽象思考」的能力……105

第4章 具體化是什麼？……107

● 具體化的過程……108

● 具體化是「降低自由度」……109
● 具體化是「問 How」……109
● 具體化是「在劃定的範圍內，補充細節」……110
● 具體化是「讓事物變成數字和專有名詞」……111
● 具體化是「不讓人找理由」……114
● 具體化是「釐清差異」……116
● 具體化需要知識的力量……117
● 兩種比喻，一看就懂……118

第5章 「具體↑↓抽象金字塔」的世界觀

「具體↑↓抽象金字塔」的世界觀……121
■ 像河流一樣解決問題……122
● 從上游到下游，從抽象到具體……122
● 上游和下游有什麼不同？……124
● 一家公司的上游和下游……125

● 不可逆的「抽象↓具體」過程……127
● 發現問題、解決問題……130
● 上下游的不同價值觀……132
● 工作上的上游和下游……135

■ **消除溝通落差**……138
● 溝通落差的背後原理……139
● 為什麼有些人會認同方向，卻反對做法？……141
● 總部跟現場在吵什麼？……143
● 本質這個詞的本質……145
● 誰是專家？誰是外行？……149
● 用金字塔看網路口水戰……152
● 貼人標籤的危險……157
● 誰抄誰的？抄襲的具體抽象思考……160

■ **職場溝通問題的背後原理**……163
● 委託人與受託人的具體與抽象……163

● 上游到下游，怎麼完美交接？……170

第6章 語言與類比的應用……181

■ 詞語的定義與抽象化……182
● 行動吧！但「行動」到底是什麼？……182
● 兩個詞，差在哪？……185
● 語言也是一種目的性的取捨……189
● 牛肉還是雞肉？……192
● 溝通只是雞同鴨講？抽象化訓練的視覺化工具……193
■ 類比的應用……196
●「摺疊法則」的逆思維……200
● 拍一張照片多少錢？……210
● 手寫信到LINE，我們經歷了什麼？……212
● 讓馬拉汽車？具體抽象的啟示……215

● 拉麵店的上游↓下游思考……222
● 第一印象很重要?商業的應用……228
● 應用在廣泛的工作領域……230
● 應用在日常生活……231

第7章 具體與抽象的使用注意事項……235

● 找到你的思考軸心……236
● 解決問題，先確立前提……236
● 抽象到具體是雙面鏡……238
● 跟笑點一樣，懂的人就懂……239
● 抽象思考的人為什麼沒耐性?……240
● 你是哪種讀者?具體抽象看閱讀……242

結語……248

前言

●人類智識的「縱軸」與「橫軸」

本書的目的是幫助你在具體與抽象之間來回穿梭，也就是透過抽象化和具體化來豐富思想內涵，並化解我們日常生活中發生的溝通鴻溝。

為此，我會先說明「具體與抽象」的重要性，然後再解釋具體是什麼、抽象是什麼，以及來回穿梭兩者的抽象化和具體化又是什麼。

首先，讓我們思考一下人類的智力和知識的發展。請參考圖1。

在圖1中，左邊的小正三角形到右邊的大三角形的變化，呈現了人類知識的發展過程。

圖1　人類智力與知識的發展模型

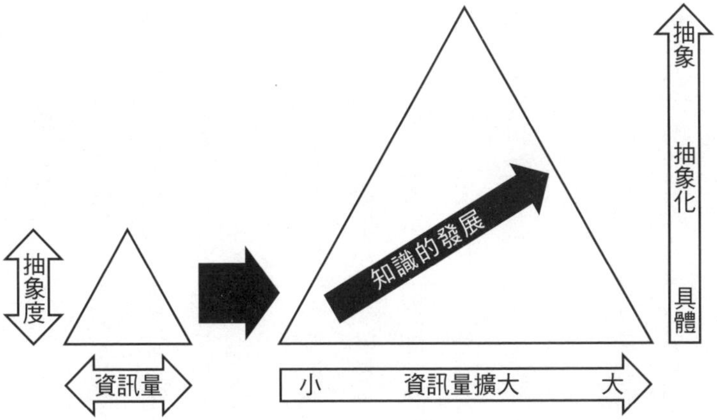

這張圖的「橫軸」指的是知識和資訊在數量上的擴展，三角形的寬度越寬，表示知識量和資訊量越多。

而另一條「縱軸」正是本書的主題，指的是具體與抽象的程度，抽象程度由下到上遞增。知識的發展，也代表我們的知識變得越來越抽象。

橫向的知識累積應該很好理解，但在橫向擴展的過程，都伴隨著「抽象⇅具體」的縱向運動。

●活用AI，或被AI取代

身為作家，我十多年來一直致力研究

的主題，就是上述的縱向運動，或者說是「思考」這件事本身。其中的核心，就是縱軸的「操作抽象概念」。

縱軸在意義上比橫軸（知識量的多寡）更艱深，能理解的人非常有限。不只如此，當今的教育和整個社會的價值觀都是由橫向價值觀所主導的（例如，「所有問題都有正確答案」或「博識的人一定比無知的人更厲害」等想法）。

這種價值觀在網際網路、社交媒體，以及作為其表達手段的影片的普及下，不斷加速傳播。這是因為，對高度抽象的概念不感興趣的人本來就不會看書，只有心態積極的人才會主動看書，說書本是「對抽象概念抱持積極心態」的篩選機制也不為過。

今後，這種「不讀書的人與讀書人的兩極化」只會愈演愈烈。這裡說的「書」不一定是紙本書，還包含具有一定抽象程度和分量的讀物（與網路上或社交平台上的片段文章恰恰相反）。

從前，不管我們喜不喜歡，要在社會上生存就得處理長篇文字並閱讀——但現在這一切都被網路和影片等「簡易方法」取代了。

只要稍微殘酷地思考一下現在的ＡＩ時代，你會發現，所有人幾乎都可以分類成

「被AI操弄的人」和「根據自己的需求使用或活用AI等數位工具的人」。

具體與抽象思考，讓你看到不同的世界

本書使用「**具體⇅抽象金字塔**」作為另一個框架，來解釋具體與抽象的各種關聯現象。

首先，抽象化本來就是用極少的文字或圖形來解釋萬物。我至今在寫書時，都不斷挑戰「用一張圖就說清楚」，而本書的主旨是抽象化，我當然也會嘗試這麼做。

只要把這個框架記在腦中，我們就能解釋周圍的許多事物，進而達成各種目標。例如，消除不必要的衝突、增加做事效率、發揮創造性的思考等等，希望大家都能夠體驗到抽象化的效用。

此外，如果能看懂「具體與抽象」的世界，還可以得到以下的好處。更多細節會留到第1章再說明。

- 擺脫社交網路平台上「永遠沒有結果的爭論」。

- 改善工作中委託與受託的雙方關係，如「客戶與供應商」、「主管與下屬」等，讓雙方表現得更好。
- 消除日常溝通的落差、減輕壓力。
- 思考不再只是「過去的延伸」，而能掌握新穎的想法。

用具體與抽象的思考軸心來看待世界，你會看到一個完全不一樣的世界。如果你閱讀本書以後，能以不同方式看待周遭事物，那麼本書就達成目的了。

● 本書的結構與目的

本書的結構如圖2所示。

本書的流程，是將書中的具體與抽象的概念付諸實踐。

首先，「一個系統」[1]的問題解決是從抽象走向具體的流程（也就是Why → What → How的步驟）。在這個大的流程之中，我們會把日常的具體事件，抽象化成模型後加以說明，再透過具體化將其延伸至其他日常事件，並重複這樣的說明過程。

圖2　本書的構成

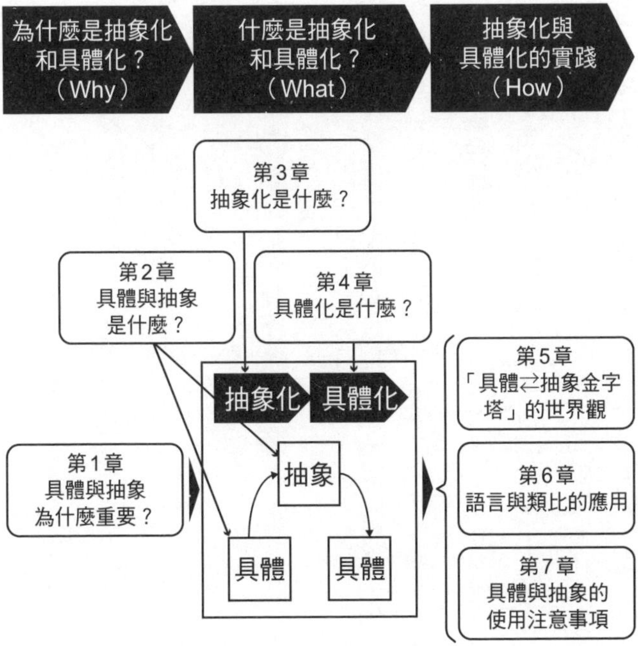

在第1章，我會解釋「具體與抽象」這條縱軸為什麼重要。

接著第2至4章的主旨為What，將按照順序解釋「具體與抽象是什麼？」、「什麼是抽象化？」、「什麼是具體化？」這些基本的概念。

接下來對應到How的第5章，針對各種應用的實例，我將介紹「具體⇄抽象

1　作者注：在本書中「系統」代表一個完整的單位，如一個問題、專案或組織等，用作解決問題的單位。

金字塔」這一框架，來幫助你思考具體跟抽象，帶你深入理解日常的溝通鴻溝，以及工作上的問題。

在第6章，除了重新思考「語言的定義」這個抽象化的經典例子之外，還會進一步討論，如何用類比的思維方式進行創意思考，又如何應用到日常生活。最後在第7章，會說明上述內容的「使用注意事項」。

●人生不是考試，沒有正確答案

整體而言，具體化和抽象化是一種「自己思考」的方法論。本書的目標，並不只是讓讀者去學習「某人得出的答案」（知識），而是透過書中的各種問題、小測驗或提問，讓讀者嘗試訓練自己的思考。

此外，本書對於每個問題，都不會明確寫出「這就是正確答案」（但有講解一些答案範例）。這件事的大前提在於「自己動腦思考」，因為日常生活或工作中的大多數情況（不同於考試學習）都沒有絕對的正確答案，有些問題類似於「我可以把這當成答案繼續向前嗎？」這樣自問自答的反思。首先，就從「忍受不確定性」開始吧。

面對不同人、不同情況，只會有「當事人認為的最佳選擇」，而這樣的選擇究竟是不是「正確答案」，則取決於他能否相信自己的選擇。這很好理解。

反過來說，每個人在做出決定採取行動時，最重要的是抱著「所有選擇都是正確的」的信念，並堅定地行動（另一方面，我們無法干涉他人的人生，對著別人指摘「這不正確」則毫無意義，這也是本書的基本立場）。

我認為，像是國中、高中、大學的入學考試，若以學習人生基本知識與思考模式來看，是個不錯的機會，也有一定的效果。

然而，這種學習方法最大的弊害，是會灌輸一種終生的價值觀，即「所有問題都有正確答案，只憑知識量的多寡就能評斷一個人的好壞」。

我希望本書可以幫助讀者跳脫這種價值觀，透過自由穿梭在具體與抽象之間，尋找出「屬於自己的答案」。

在此，無論是對書籍這種長篇表達形式有興趣，還是對本書十分抽象的書名感到好奇，我都要向所有拿起本書的讀者致謝。希望這本書的內容不會辜負大家所做的這一個選擇。

第1章

具體與抽象為什麼重要？

本章中，我將解釋為何「具體與抽象（的往返）」很重要。

所有事情都是這樣的，了解「為何重要」往往是學習某件事的起點。當然，最強的狀態是「無須解釋重要性，就已經主動學習」（簡言之，是喜歡才學的），但如果不是這種情況，要開始學習並持續掌握一件新事物，最重要的就是這個「Why」。

正如下文要講的，「具體與抽象」雖然是人類智力的兩大支柱之一，卻沒有像另一個支柱那樣被明確討論，但它的重要性再怎麼強調也不為過。

●溝通有落差？具體與抽象搞的鬼

你有沒有碰過以下的情境？

- 上司或客戶的反覆無常讓你很煩躁。
- 覺得社交網路上無謂的對立令人無奈。
- 感受過「詞語定義不同」而導致的溝通障礙。

這些情況的關鍵因素之一，正是缺乏「具體與抽象」的觀點，也就是本書的主題。

本書將解釋這些情況的運作機制，以及如何改變我們看待世界的方式，才能減輕這些壓力（但不可能完全消除）。

首先，我們要先簡單回答「具體與抽象是什麼？」這個問題，再來探討「兩者為何很重要」。

●太具體了，才會聽不懂？

談到「具體與抽象」時，最常被誤解的就是「抽象」這個詞的概念。我認為，我們在日常生活中聽到「抽象」的場合主要有兩種。

一種是談論到畢卡索或克利等人的「抽象畫」創作。雖然有些人喜歡抽象畫，但更多人對抽象畫有「難以理解」的印象。

另一種狀況是用在「那個人說的話太抽象了，我聽不懂」，或「那個政客提的政見太抽象了，不知道他具體是想做什麼」等場面。

上述情況的共同點，就是「抽象」一詞已經成為「無法理解」的代名詞。抽象的反義詞「具體」，指的是看得見、摸得著的事物，毫無疑問對每個人來說都更容易理解。

但我們真的只需要追求容易理解嗎？雖然具體說明很容易理解，但實際上經常會出現無法表達出真正重要的內容的情況。本書將闡明這一點，針對「具體易懂、抽象難懂」的片面觀點，提供另一種看待事物的方式。

對此，我想引用數學家吉田耕作[2]的名言。

「你說得太具體了，很難理解，請說得更抽象一點。」

這句話顛覆了世界上絕大多數人「以為具體事物會更好理解」的想法。不過這也反映出，像數學家一樣擅長處理抽象世界的人，實屬少數。

對於見識過抽象世界的人來說，具體的內容反倒是冗長且「難以理解的」。在抽象的世界裡，明明一句話就能解釋的事，具體說出來只會令人覺得「同樣的話說了一遍又一遍」。

例如，想像以下的對話，就能知道「具體卻難以理解」的情況。

※在公司會議室舉辦活動後，同事們的對話。

A：「把書放回書架，餐具放回碗櫃，桌椅拿回儲藏室，文具拿去總務部、飲料放進冰箱裡……」

B：「總之，就是『整理乾淨』對吧？」

「整理」這個詞的概念，就是「把東西放回原處」，適用於書、餐具、桌椅、文具和飲料。這就是抽象概念的威力。

反過來說，少了抽象概念去列舉出需要收拾的所有東西，這對於腦中已有「整理」概念的人來說，反而會覺得多此一舉，甚至不耐煩。

我想這個例子已經能讓你了解，如果已經掌握了抽象世界，便會對只談具體事物的人感到煩躁。

接下來，我們試著調換A和B的角色。

B：「把會議室裡的東西收拾一下。」

A：「什麼!?你講得太抽象了，我聽不懂。可以說得更具體一點嗎？書跟餐具要放

2 作者注：1909-1990，因提出「Hille-Yosida定理」在泛函分析領域聞名。

回哪個架子？我要聯繫總務部的哪一個人？桌椅要放回哪個空間裡的哪個位置？方向又要怎麼擺才對……」

藉由上述案例，你應該可以了解，有時候太具體反而會讓事情難以理解。你也能從中知道，為什麼聽到「請給出具體一點的指示」的時候，那些「發出太抽象、難以理解的指令」的人為什麼會覺得不耐煩了。（還有他們為什麼會覺得「把一切事情都具體化」很煩人）。

●正在肆虐的「抽象病」與「具體病」

為什麼本書要強調「具體與抽象」的重要性，又為什麼要提出用抽象化和具體化，來回穿梭具體與抽象之間的方法呢？這是因為在今日成熟的世界上，「抽象病」和「具體病」正在蔓延，並且消耗社會的活力。

我們先來看看抽象病的症狀。在上一節中，我似乎擁護了抽象的立場，但會有「抽象是不好的」這種普遍印象正是因為有抽象病。

- 喜歡發表一些看似很聰明（但實際上對世界沒有任何影響的）「應該論」。
- 對於他人的行為，尤其是失敗，只會用普遍的理想主義做出批評或「建議」，卻從不提出可行的替代方案或實際行動。
- 喜歡講「我們會竭盡所能」、「我們將徹底強化目標」、「我們會落實適才適所」這類話語，其中都是一些抽象的目標和行為，根本無法轉化成具體行動。

這種抽象病在社會上經常遭受批評，常聽到的像是「太抽象而無法理解」或「給我提出具體的對策」。

前兩種「高談闊論」和「不負責任的批判」的症狀，由於網路和社群平台的普及與傳播者的快速增加，結果成為了滿足某些想被認同之人、或滿足「說教病」之人的具體手段，在社會上迅速傳播。

而第三種「抽象目標」則經常出現在大企業，或者陷入官僚主義的組織或社會中。這些組織的最大目標就是不犯錯，所以容易使用「不會出錯」（但也無法落實）的表達方式，而這類方式已經在無意識中根深蒂固。

簡單來說，抽象病的問題在於「空談而不去實踐」，這正是因為缺少了「具體化」的層面。

接下來，讓我們看看「具體病」，以下是它導致的症狀。

- 如果沒有「具體實例」就無法理解或無法執行（例如在導入新技術，或投資新事業時）。
- 只能按照別人的指示做事，完全沒有靈活應用的能力。
- 只要確立好規則或劃定界線，之後就深信不疑，無法適應環境的變化。

簡單來說，具體病是一種停止思考的狀態，這類人的工作將會最先被機器取代。因為如果所有指令都可以具體化，那機器也可以做。在AI和機器人一步一步取代人類工作的時代，未來需要的將是可以把具體事物抽象化，然後靈活應用，能主動執行「指示以外的」工作的人才。

●解決問題的三種模式

接下來，我們會從「解決問題的模式」這個角度，來探討抽象病和具體病的思維模式，並對照本書所提倡的「在具體與抽象之間來回切換」的思維模式。

我們的日常工作就是一連串的解決問題，從「具體與抽象」的角度來看，我們就能清楚看出問題解決方法的好壞差距。

首先，解決問題的方法大致可分為兩類，一類包含本書所說的「縱向移動」（具體與抽象之間的移動），另一類則沒有這種移動。縱向移動指的是「具體↓抽象↓具體」，是本書所說的，結合抽象化與具體化的問題解決的典型方法，不僅能解決表面問題，還能觸及問題的根源與本質。

這兩類方法中，沒有縱向移動的問題解決方法又可以細分為兩種，所以共有三種。

第一種是圖3最左側的「具體↓具體」，即沒有抽象層次的「表面的問題解法」。這是一種不思考，依照對方說的話「直接照做」的模式。例如，聽到顧客抱怨價格太高就直接降價。又如，做事時喜歡直接按照前例，或者認為「我可以，別人也可以」，將

圖3　解決問題的三種模式

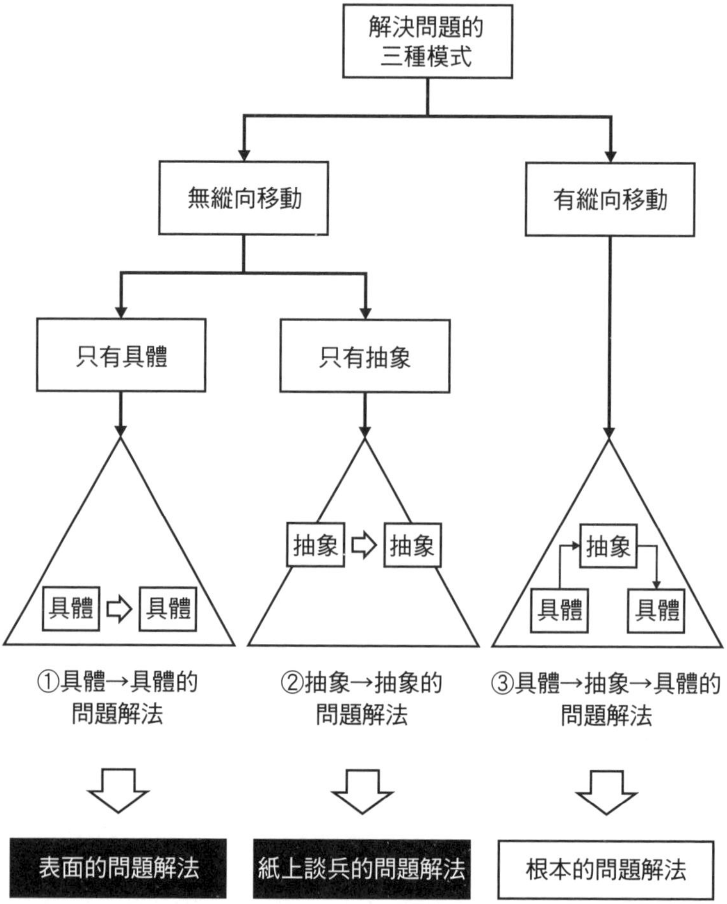

過去的成功經驗直接套用到現在，這些行為的機制都屬於具體病。

第二種是只在抽象層面進行的「抽象→抽象」的問題解法，也就是所謂的空泛論調，屬於「紙上談兵的問題解法」。上一節提到的抽象病症狀，像是官僚主義組織中常見的「我們會快速回應客戶需求，並加強應對措施」這種空談，也屬於這一種問題解法。

最後的第三種，則是「具體→抽象→具體」，也就是結合兩者的「根本的問題解法」，首先，具體掌握現實中的現象，透過抽象化來找到根本上的課題，然後，再把解法透過具體化來付諸實踐。這種來回於具體與抽象的問題解法，正是本書所追求的模式。

●租房還是買房？問題背後的問題

> ✎ **練習問題**
>
> 關於居住，人們經常會討論「要租房還是買房？」但除了居住的話題，是否還有類似結構的討論呢？

「要租房還是買房？」可以說是永恆的話題。幾乎每個人都對此有興趣，會結合自己的人生觀來討論「哪種比較貴（便宜）」、「哪種比較開心」、「哪種比較辛苦」等觀點，所以一直是職場和親友間聊不完的主題。

在思考這樣的主題時，有些人認為這只是單純討論「居住地」，而有些人則認為這種問題結構，同樣也會出現在其他情境中。前者從具體角度來思考，後者則是在抽象化和具體化之間來回思考。

買房產跟租房子這些事，從具體層面來看，當然都是在討論建築物和房子，但如果我們將這個題目抽象化，變成「選擇購買並持有，還是選擇不購買但使用時付費」，就會發現這跟購買軟體時要買斷或按月訂閱（近年越來越普及）幾乎是相同的結構。

這樣思考的話，我們可以輕易看出訂閱制的獨特優勢，例如，「可以立即使用最新功能」、「不需要花費心力維護」以及「不需要採取安全措施」等，這些都是買斷的情況無法擁有的。這些特點在房屋和軟體的情境中其實都一樣。

提到「訂閱制」，我們會發現這不只適用於軟體，如今還擴展到「傢俱」、「衣服」、「兒童玩具」、「隱形眼鏡」等產品，在「永久持有或按次付費」中做選擇的結構，幾乎跟「買房還是租房」一樣。

如果進一步思考，怎樣的東西適合訂閱制（例如，容易過時、每個月有穩定需求等），那麼除了房屋之外，我們就能從完全不相關的領域發現一貫的道理。

雖然前面使用了「幾乎一樣」的說法，但我們必須實際掌握具體事物的特性，才能深入考慮哪些東西適合或不適合訂閱制。這正是運用「抽象化和具體化」來拓展思維的例子。

此外，如果我們把這種「從擁有到使用」的社會趨勢再進一步抽象化，就能連結到經濟學上常討論的「流量和存量」概念，並進行思考。

在企業經營中，「流量」（Flow）是損益表中的項目，而「存量」（Stock）則是資產負債表中的項目。舉例來說，公司租賃辦公室通常會當作費用列入損益表的「流量」，但如果公司有一棟辦公大樓，這棟建築則會作為資產，列入資產負債表中的「存量」。

基於這樣的概念，我們不禁思考，員工對公司來說，到底是「流量」還是「存量」？從財務指標的角度來看，員工薪水是以「勞務費」這種流量來計入損益表，而且按月發薪的固定工資，其實就是訂閱制的始祖。不過，有些公司會說「員工是公司的資產」，這種說法顯示出，員工有時候也可以看作是公司持有的資產——像擁有房產，而不是像訂閱服務一樣可以隨時一鍵取消。

如果進一步應用這個概念，我們就可以從自己所訂閱的服務，來類推出雇主是如何判斷我們這些「訂閱商品」有沒有吸引力。

例如，許多人使用訂閱服務（音樂串流平台、書籍或網路文章等）時，是不是常常有「沒使用這些功能，卻忘記取消訂閱」的情況呢？這讓我們反思，作為員工，自己是否只是雇主眼中「用不太到但忘記解約」的服務。

反過來說，如果思考「哪些服務雖然價格高昂，但值得每月續訂」，就會發現，答案應該是那些「持續提供最新價值、不斷創新」、「每月都緊密連結、難以割捨」的服務，這些特性對於員工的職涯也非常有參考價值（順帶一提，這個道理也能套用到人際關係，包括朋友、配偶到家庭的相處，都是類似的結構）。

現在我們談到「人」，已經把「買房或租房」的問題類比到人際關係上了，例如「結婚成家是否必要」的問題就很相似。選擇婚姻和家庭，你就要承擔一個無法輕易解除的責任，但同時能享受到心靈的安定與長期目標的成就感，而選擇單身生活，你可能要付出比較高的代價，但隨時擁有離開或變化的自由。如果把這些選擇和人生觀結合起來思考，那麼「租房或買房」的話題就變成了「整體人生」的討論，從日常生活愛好到人生觀都可以涵蓋在內。

這樣來看，運用抽象化和具體化的思維模式，能幫助我們將具體事物以及其背後的共同結構串連起來，並理解事物各自的一般特性與差異，這種能力，是人類充分發揮智力並把才智用於實踐的必要條件。

如果我們不只是停留在具體層面，例如「房子就是房子」、「軟體就是軟體」、「衣服就是衣服」，而是學會在具體與抽象之間來回切換，就能從一件事學到更多，兩種思維的差異顯而易見。正是透過這種方式，人類才得以不斷擴展知識與能力，豐富自己的生活（包括物質上和精神上）。

♜ **應用問題**

「流量和存量」的概念也可以在其他領域中見到。讓我們參考前文的「買房或租房」，來思考以下這些流量和存量的組合，看看能否從中得到啟發？

- 狩獵與農耕
- 新客（新顧客）和常客（回頭客）
- 疏離的人際關係和緊密的人際關係

●虛構與現實：《人類大歷史》的啟發

如果擴展「抽象概念可以整合不同事物」的觀點，就可以理解在人類的集體生活中，像宗教或公司等看不見的「虛構之物」為何扮演了要角。這一觀點正是哈拉瑞在《人類大歷史》（*Sapiens*）中提到的。

哈拉瑞在書中提到，人類歷史上有「三大革命」，其中之一就是七萬年前出現的

「認知革命」，也就是「虛構語言的出現」。

這使得人類具備了一項能力，可以傳遞社會關係、部族神靈、有限責任公司、人權等不存在於現實的事物，從而促進了大量彼此陌生的個人之間的合作和社會行為的迅速創新，是人類之所以獨特的原因——這是哈拉瑞的觀點。

這裡提到的社會關係、部族神靈、有限責任公司、人權都不是具體現象，而是抽象的概念。也就是說，人類因為擁有抽象概念，才得以進行社會活動，這成為了人類有別於其他動物的決定性智力優勢。

現在，讓我們從人類的智力層面出發，分析具體與抽象思考的優點。

●知識的「橫向」與「縱向」發展

圖4以「前言」所介紹的知識發展模型為基礎，並加上補充說明。這個模型把人類知識發展簡單地分為縱向和橫向，以「知識金字塔」的樣子表現。

我們先從容易理解的橫軸開始說明。

圖4　知識金字塔

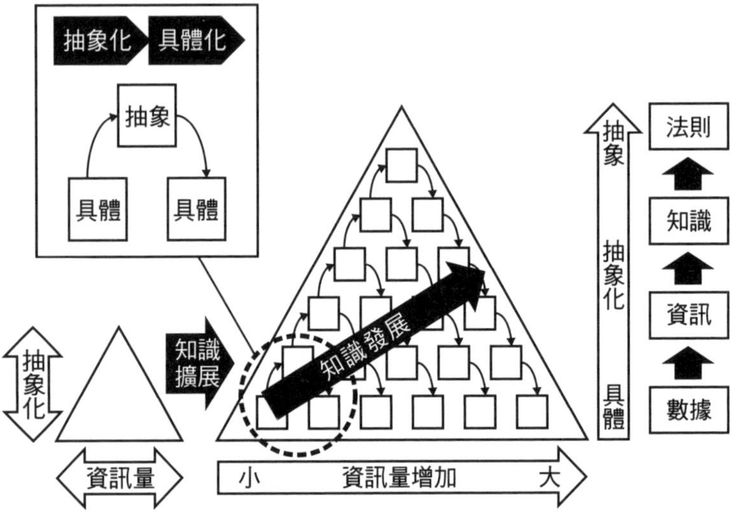

橫軸代表資訊量的多寡。換句話說，橫向擴展代表資訊量的增加。顯然，人類在漫長的歷史中累積了大量的知識和資訊。這種「量的擴展」是知識發展的一個面向，這一點很好理解。

而縱軸就是本書的主題——具體與抽象，也就是「質的擴展」。

人類的知識不只是在數量上變多，也在品質上有擴展。簡單來說，就是各種法則的發現，以及語言和數字等抽象概念的發展。

這就是本書所探討的抽象化產物，人類透過「把已經產生的抽象概念再次具體化」，也可以促進橫軸的發展，於是形成了「縱橫相乘效應」這種機制，讓整個三角形不斷擴大。

第一個是「法則的發現」，人類從日常生活中的個別經驗，找出其中的模式，然後用聞一知十的方式來培養智慧。自然科學中的各種法則就是最具代表性的例子，體育運動中的理論也是如此。人類在個別事件之間發現規律，所以能夠對還沒經歷過的事情，做出一定的預測。

第二個是「語言和數字等抽象概念的發展」，是描述人類智慧的基本工具，如果沒有這些概念，人們就無法累積知識或溝通交流。

把抽象化思考、個別的知識和經驗做結合，人類就能把知識和經驗的累積從單純的加法轉變為乘法，發揮更大的槓桿效果。

「數字」中的抽象化

談論「縱向進化」（抽象化的發展帶來的知識進步）時，數字概念的發展是一個很好的例子。

人類最早熟悉的數學概念，應該是「自然數」，用1、2、3……來計算周遭事物的數量。隨著人類發現「負數」和「零」，這些概念又進一步抽象化，變成「整數」。

此外，在不同的發展過程中「分數」誕生了，用來表示整數相除後存在於整數之間的數字，而分數和整數（分母為1的分數）的上位概念被稱為「有理數」。

像圓周率 π 和歐拉數 e（就是指數函數和對數函數裡的 e）這些無法用分數表示的數被納入「無理數」的概念，這又擴展了數字系統。「實數」則被定義為它們的上位概念，

圖5　「數字」中的抽象化例子

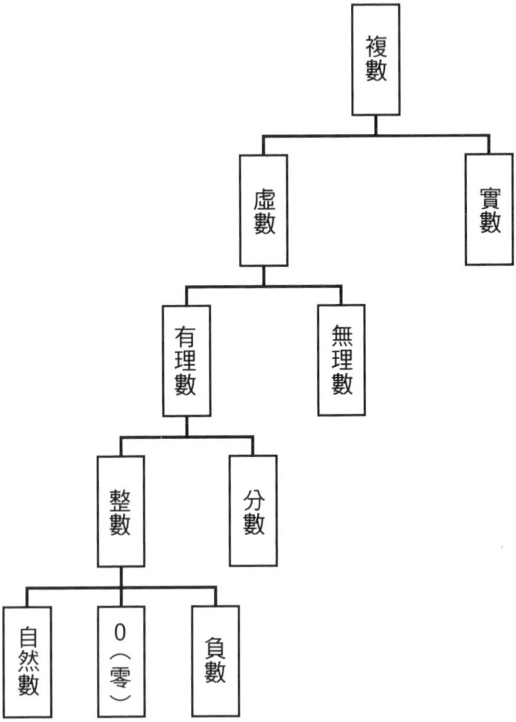

接著，把（現實世界中不存在的）「虛數」的上位概念加進來時，就定義出「複數」。

透過這個過程，我們可以看到數字的概念隨著抽象化的發展，演變成一種具有高度擴展性的通用概念。

這就是典型的縱向進化。

「金錢」的抽象化

金錢也是抽象化的產物。

人類的的經濟活動最早是從以物易物開始的，起先是魚、肉、蔬菜等具體物品，之後，這些物品被抽象化成象徵性物品，像是貝殼或石頭，接著再抽象化為金、銀、銅這些不易變質或過時的物品，提升了時間上的普遍性。然後金屬貨幣又被抽象化為紙幣或硬幣，至今則進一步抽象化為電子數據。

金錢也可以被視為一種工具，用來衡量或保存「價值」、「信用」或「借貸關係」等抽象的概念。人類透過社群、國家或規則等各種共同想像來生活，金錢就是這種抽象化中最典型的產物之一。

「能量」的抽象化

抽象化會開啟縱向進化，另一個例子就是「能量」的概念。

原本人類把「運動」、「位置」（高度）和「熱」等可以透過五感感知到的具體事物，視為是不同的東西，但經由「能量」這個抽象概念，這些現象都能視為是同一種概念，催生出能量守恆定律。這可以說是「抽象化使知識進化」的一個例子。

不只如此，物理學還有其他例子，包括將電場和磁場抽象化的電磁學、將時間和空間抽象化的時空概念，全都是用抽象化思考，將看似不同的世界整合成一種理論的知識進化過程。

數學中最美公式之一的歐拉恆等式，將代數學中的象徵性數字歐拉數e、幾何學中的象徵性數字圓周率π，以及分析學中的象徵性複數i用極其簡潔的公式「$e^{i\pi}+1=0$」融合在一起，象徵了數學中不同領域的整合。

這樣來說，人類智力的「縱向進化」歷史，實際上是「整合」的歷史，是用抽象化將廣泛事物歸納在一個理論體系的過程。本書將抽象化比喻為朝向三角形頂點的過程，這也代表事物越抽象化就越簡單（最終會合為一體）。這部分之後會在說明「具體⇅抽象金字塔」時詳述。

數位化提升了商業的抽象程度

對人類來說，抽象化與智力密不可分，與知識和經驗一樣重要，而在今日的社會環境中，抽象化變得更加重要的原因之一，就是數位化的發展。

商業數位化的意思是，競爭環境正在從具體的「商品流」轉移到更抽象的「資訊流」。舉例來說，亞馬遜這類的電子商務平台，從具體的層面來看，都是在銷售各行各業的產品，但如果以資訊流的抽象角度來看，其實這些平台都在做一樣的事。

所以我們觀察事物的方式，被數位化推動到更高的抽象層次。傳統上，行業的概念在商業世界都是主導地位，指的是產品類型在具體層面的劃分，但隨著戰場上升到數位這一更高的抽象層次，行業的概念在未來可能會逐漸過時。

練習問題

以下的東西有什麼共同點？

- 鬧鐘
- 手電筒

- 旅行社
- 相機
- 錢

其他「提示」如下。

- 指南針
- 書
- Wi-Fi分享器
- 地圖
- 集點卡
- 遊戲
- CD／DVD（媒體）
- CD／DVD播放器
- 字典、百科全書
- 行事曆、筆記本
- 時刻表
- 旅遊指南
- 車票
- 錢包
- 碼表
- 電話……

好，現在大家應該都知道了。

隨著智慧型手機的出現，這些東西都已經從實體轉變為數位形式，全部變成了手機應用程式。

誰能在二十年前，預料到手電筒的競爭對手會是手機呢？

現在，鐘錶業、相機業和旅遊業，都已經開始與智慧型手機融合。

儘管如此，直接將這些都看成「智慧型手機產業」又太過短視。因為同樣道理，再經過一段時間之後，像XR（包括VR／AR／MR等）、無人機或自動駕駛等新技術，也可能會讓現有的這些領域以別種形式出現，又轉變成另一種產業。

♜ 應用問題

試著思考自動駕駛技術將如何改變以下產業。

- 物流和零售
- 卡拉OK包廂
- 不動產

（提示：隨著自動駕駛技術的發展，最終可能連駕駛座都不需要了，車內會成為單純的空間。這麼一來，現在被視為不動產的辦公室、醫院和商店等，未來都有可能被整合到汽車裡。另外，如果自動駕駛汽車可以直接開到家門口，那麼以車站為中心的人流也會有巨大變化。）

●知識一定是力量嗎？

雖然抽象思考越來越重要，但社會的價值觀卻沒有跟上這個快速的變化。從「縱向」與「橫向」的觀點來看，縱向價值觀和橫向價值觀有很大的不同，但在當今的社會，強調「知識力」的橫向價值觀卻占有主導地位。

當然，如果能同時有縱向與橫向的兩種價值觀，這就不會是問題。但實際上，這兩種價值觀經常互相衝突，在這種情況下，橫向價值觀會變成縱向價值觀的強大阻礙。

在舉一些具體例子之前，我先用圖表來比較縱向世界和橫向世界的主要差異（見圖6）。

圖6　「橫向世界」和「縱向世界」的主要差異

橫向世界	⇔	縱向世界
● 有「正確答案」		● 沒有「正確答案」
● 優劣一目了然		● 優劣難以分辨
● 「變數」是固定的		● 「變數」是可變的
● 答案很重要		● 問題很重要
● 專業人士很厲害		● 外行人很厲害

● 橫向世界有正確答案，縱向世界則無

首先，最根本且根深蒂固的縱橫差異在於：是否有正確答案。在知識傳授型的教育中，「擁有正確答案的老師」和「被傳授正確答案的學生」是最基本的組合，所以最重要的是掌握正確答案且學識淵博的老師，以及資訊量豐富的教科書和文獻。

因此，在橫向價值觀中，老師（日文「先生」在字面上是「先出生、資歷深的人」之意，最看重累積的知識和經驗）必須是厲害、優越的。

根本上，「正確答案」這個詞，以及「正確」和「答案」這兩個詞，本身就是橫向世

界的產物。

在人類生活中，幾乎沒有絕對的正確答案，大多數情況下，所謂的正確答案只在特定的情況、人或前提下才會成立。儘管如此，這個詞被過度使用的事實，顯示出我們有多麼沉浸在知識價值觀的世界。

這種價值觀的差異在教育界尤其明顯，我會在第6章中詳細說明。

● 網路＋手機＋社交網路，讓思考「扁平化」

基於前面提到的縱向與橫向思維的差異，我們來思考一下：現代社會中網路＋社交網路平台＋智慧型手機的普及，會對智力金字塔有怎樣的影響？

首先，在網路與ＡＩ時代，個人能夠取得的資訊量將大幅提升。換句話說，金字塔底部的寬度將會在ＡＩ的補充下而無限擴大。不久之後，「哪些是人類記憶中的知識，哪些是ＡＩ根據需求而提供的知識」，其中的界線將會變得模糊不清。正如圖7右圖的底層所示。

此外，網路和社交網路世界中的資訊越來越零碎，不像書籍或論文這些結構清晰且

圖7　網路＋手機＋社交網路＋AI的普及
對個人智力的影響

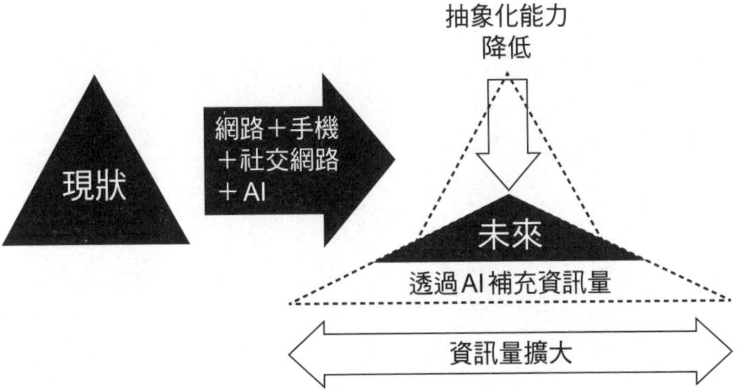

經過編輯的高度抽象資訊，這些片段的資訊逐漸成為主流，導致資訊之間的關聯性和結構逐漸減弱（或者說，我們不再需要每天思考這些關聯性），所以，縱向思考將變得越來越淺薄。

當然，本書就是要對抗這種趨勢。雖然圖7描述了整體社會的宏觀趨勢，但在個人層面上，將會出現兩種分化：一部分的人會堅持縱向思考，另一部分的人則會放棄縱向思考，轉變成圖7右側的「扁平金字塔」。

●穩定期的具體、變革期的抽象

那麼，在哪些情況下，抽象與具體的縱向思考會變得很重要呢？

當某個系統發生不連續的變化，而且需要重置的時候，便特別需要這樣的思考。第5章會討論到，一個系統的成長與成熟，通常會經過「從高度抽象開始，逐漸變得具體化」這個不可逆的過程。這樣一來，事物往往會從上游的抽象流向下游的具體。然而，為了重置舊系統並創造新系統，就需要建立一個新的高度抽象化的狀態。

因此，在一個系統需要重置的革新時期，會特別需要高度抽象的思考，而當系統連續變化（穩定發展）時，具體化的細節則會變得特別重要。

● AI將會終結知識社會？

從整體社會變化的角度來看，我們必須從橫向轉變成縱向，還有另一個原因。

自從彼得．杜拉克（Peter Drucker）和丹尼爾．貝爾（Daniel Bell）等學者預言工業社會的終結，以及知識社會的到來之後，社會已經逐步從「重視工業產品」轉變為「重視智力和知識」。他們使用「知識社會」這個詞，是因為他們認為智力和知識會越來越重要，而不是像本書將思維模式區分為縱向與橫向。不過，這也就反映出他們認為智力＝知識。

然而，狹義的知識社會（由「橫向價值觀」主導的社會）本身也可能走向終結。背後的主要推力，是以ＡＩ為首的科技的大幅進展。不用說，如果比的只是資訊量或知識的累積，那機器一定會比人類有能力。

當然，僅僅記住知識並不表示可以靈活運用，但今日ＡＩ已經邁出了一步，能在某些明確的問題中，運用累積的知識，能「理解」前後脈絡並加以應用。在醫療與法律等領域，尤其是需要依賴大量過去案例（如病例或判例）的工作，ＡＩ已經在某些方面超越了人類。同樣地，依賴詞彙知識的職業，如口譯人員，也逐漸被取代。

由此可見，「只知道大量資訊」的附加價值正在迅速下降，雖然這對於人類知識能力的未來是個重大問題，但如前所述，社會（尤其是日本）的價值觀仍然沒有脫離重視知識的思考模式。

值得注意的是，雖然入學考試制度有改革，企業培訓中也開始強調思考能力，但問題在於，我們在知識力依然是主流價值觀的狀況下，卻試圖去提高思考能力，因此陷入了一種矛盾（本書不僅提出這個問題，也提供了解決方法）。

●用具體與抽象的視角，避免各種無意義的爭吵

近年來，隨著網路和社交網路的普及，每個人都獲得了發聲的機會。這個現象，雖然讓有益的資訊在基層得以廣泛傳播，大大增加了資訊來源，不過也導致了大量無意義的各種爭論。

許多人寧願被動地回應別人的行動，而非自己主動行動。比起稱讚別人，他們更喜歡不負責任地批評別人。如果白天去咖啡廳，或是晚上去居酒屋，我們可能會聽到一些對話，其實不難從中發現人們有這種傾向，而這種人性的本質到了網路上，就被更加放大。

網路上常見那種無意義的爭論和無謂的衝突，很大一部分原因是混淆了具體與抽象的概念，即本書的主題。例如，用「客觀的普遍論點」來反駁「主觀的個人論點」，就是經常發生的無意義爭論。問題在於參與爭論的人都沒有意識到，其實雙方討論的是不同的面向。

本書將從「具體與抽象」的角度來解析這種無意義衝突背後的機制。特別是關於溝

通障礙的部分，這樣的視角會是解決問題的契機。因此，在第5章會配合練習問題一起討論。

第2章

具體與抽象是什麼？

在本章中，我將解釋具體與抽象的差異，來闡明本書的主題——具體與抽象的基本概念。如果想進一步掌握具體與抽象的入門基礎知識，也可以參考拙著《具體與抽象》（具体と抽象）。

●具體與抽象是什麼？

具體與抽象是相對的概念。所以，是透過比較來決定「哪個是具體的，哪個是抽象的」。

例如「大」或「小」這些詞，如果不去定義「和什麼東西相比」，就無法明確使用。說到飛機，大多數人

圖8　具體與抽象是相對的

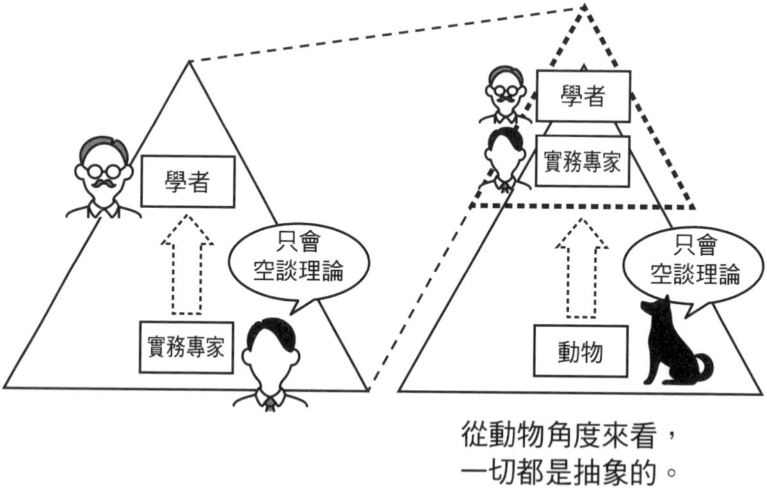

圖9　具體與抽象的性質

具體	抽象
● 個別	● 集合
● 特殊	● 一般
● 能用五感感受的實體	● 不能用五感感受的概念
● 個別屬性（形狀、顏色、大小等）	● 兩者以上的關係和結構

會覺得大，但比起地球卻變得非常小。而說到蚊子，大多數人會覺得小，但與原子相比，牠卻是巨大的生物（正如《格列佛遊記》中的格列佛，到了巨人國就變成了小人，到了小人國就變成了巨人）。

而在人類世界裡關於具體與抽象的討論，從動物的角度來看，可能都是相當抽象的（事實上，能使用語言和文字閱讀，就表示我們已經生活在一個相當抽象的世界）。

如圖8所示，在人類世界中，實務專家會批評學者「只會空談理論」，但在動物眼中，這些實務專家也和學者一樣，全都是「生活在抽象世界中的人類」。動物們可能會想：「為什麼他們要閱讀網路文章？」或是「為什麼人類要『對話』？」

動物們可能會覺得，與其花時間閱讀或交談，直接採取具體行動（如尋找食物或偵察敵人）可能更明智（我沒有實際問過牠們，只是自己想像）。

「具體與抽象」也是一種用來表示「關係性」的概念，因此，透過對比兩個（或更多）事物，才可以清楚確定它們的定義。基於這個前提，圖9的表格比較了具體與抽象的性質。

接下來，我將會逐一說明這些性質差異，以及其他在處理具體與抽象上的不同之處。

●用語言層次來看具體與抽象

首先，我們來看一下「個別與集合」的關係，這是先前定義的一個重要概念。

我們通常會以階層的方式來理解身邊的事物。以昆蟲為例，可以建立出如圖10所示的樹狀圖。

圖10　具體與抽象的樹狀圖（以昆蟲為例）

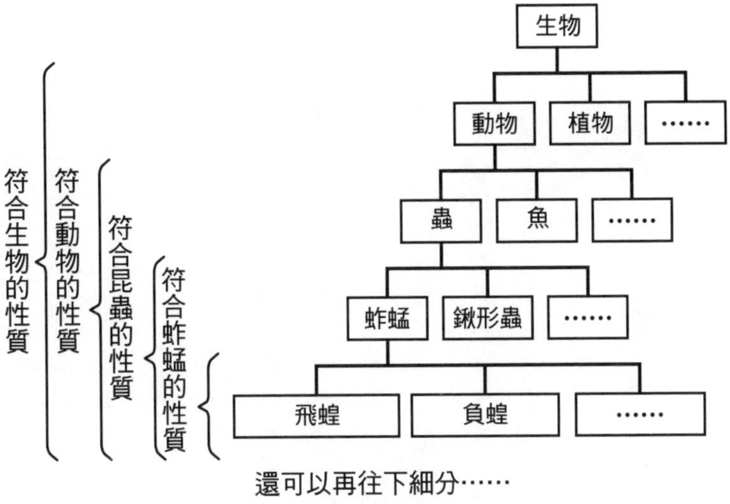

練習問題

請用你身邊的事物，建立出一個具體與抽象的樹狀圖。

（提示：例如，你可以選擇植物、動物、食物、飲料等容易發揮的題材。）

下位屬性繼承上位屬性

這在具體與抽象的關係中非常重要，因為這就是讓人類智識能力大幅躍進的原因之一。人類擁有一種強大的知識能力，也就是聞一知十，是一種縱向倍增的能力，根本在於，下位具體層級會繼承上位抽象層級的性質（反之則否）。

以昆蟲為例，飛蝗和負蝗都具備了抽象程度更高的蚱蜢的性質，而蚱蜢和鍬形蟲也具備抽象程度更高的昆蟲的性質。

抽象度越高的概念就廣泛；具體程度越高，則越接近描述特殊且個別的事物。因此，抽象度較高的表達，會涵蓋較廣的範圍，涉及的知識範圍也會擴大。換句話說，抽象度越高，一個詞語通用性就越強，可以表達的對象也就越多。

這個概念，也應用於軟體開發方法論中的物件導向。在物件導向中，實例（Instance）與類別（Class）的關係正是「具體與抽象」的關係，至於「上位的抽象層次的類別屬令，會由下位的子類別繼承」，這種關係則就稱作繼承（Inheritance）。物件導向在描述軟體中的對象（物件）時，充分利用了這種具體與抽象的關係。

●特殊的是具體，普遍的是抽象

具體，指的是每一個單獨的個體，所以每種具體事物都是獨一無二且特殊的。相對地，抽象是將這些個別事物整合起來，形成一種普遍化的概念。這在後文探討的溝通落差中也很重要。

從具體層面來看，世界上有將近八十億個「獨一無二的個體」，但如果我們將這些個體用「人」來概括，這八十億個個體就會歸納為一個抽象概念。注重具體的人往往關注事物的特殊性與其間差異，而注重抽象的人則往往著眼在一般規則和事物間的共同點。

●能用五感感受的實體、不能用五感感受的概念

實體與概念的差異，是具體與抽象的一個重要面向。實體是可以用眼睛看到、用耳朵聽到、用嘴巴嚐到的東西，也就是可以用五感感受到的事物。反之，概念無法用五感感受到，必須依靠「心靈之眼」和「心靈之耳」才能看得見、聽得見。

動物與人類的主要差異，正如實體世界與概念世界的關係。對動物來說，整個世界幾乎（也許）就是個實體世界。但對人類來說，概念世界或精神世界會比有限的實體世界（就我們能直接看見或聽見的範圍）更寬廣、更無垠。擁有這樣的精神概念世界，是人類一項非常重要的特徵。

●具體⇅抽象金字塔

這裡，我想再次解釋為何叫做「具體⇅抽象金字塔」（金字塔實際上是四角錐，但取用的是橫切面的三角形），以及為什麼是三角形。

這樣的表達似乎沒有特別原因，但其實並非出於感性，而是將具體與抽象的關係，進一步抽象化之後的直觀表現。

從上游到下游的流向

不管是任何類型的專案或工作，世界上的事物往往像是河流，都會從上游流向下游。例如，建築過程大致上會從整體構想開始，依序是基本設計、詳細設計，再到施工和竣工。而資訊系統的構建也遵循著相似的流程：整體構想↓基本設計↓詳細設計↓構建↓上線。這些工作就像河流一樣，從上游流向下游。

這個流程就是從抽象到具體的過程，隨著進度推展，從一個人的構思開始，隨著基本設計、詳細設計到施工，參與的人數會逐漸增加（就像河流從上游到下游，水量逐漸增加）。

圖11　具體⇄抽象金字塔

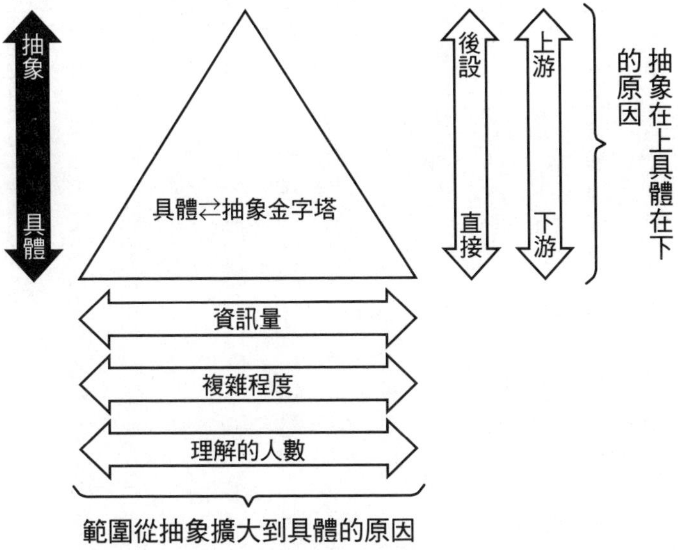

這種量的增加，說明了為何「具體⇅抽象金字塔」的形狀會是底部變寬的三角形。這是理解世界各種事物變化的重要觀念，第5章會有更詳細的討論。

具體：抽象是N：1的關係

就像前面的昆蟲樹狀圖一樣，從具體↓抽象的過程中，隨著層次的提升，會將多個元素整合成一個，形成N：1（多對一）的關係，這個形狀基本上是簡化版的樹狀圖。

抽象度越高，表達越簡單

除了量的方面，從質的角度來看，三角形的結構也是必然的。因為抽象程度越高，概念就會越簡單。在抽象層面用一條公式表達的內容，應用在具體層面，就會變成大量的具體案例。

這反映了人類智識的縱向進化，也就是發現可以統一處理多種現象的共通法則。在理論世界中，一套理論能解釋的現象越多，就代表越完善，而這種理論通常都很簡潔。

因此，三角形也象徵著「具體＝複雜、抽象＝簡單」的關係。

理解人數的多寡

抽象層級越高，參與其中的人數會越少——這同時也表示，能理解這些高抽象層級事物的人也越少（回想一下前面提到的動物與人類的關係，如果把所有動物納入金字塔，人類就處於抽象化能力的頂端）。事物的抽象度越高，就需要更高的智力水準才能理解，某種意義上，這也帶來了孤獨感。比方說，要求高度抽象化能力的數學，隨著抽象度的提升，能夠理解的人數會逐漸減少（見圖12）。

圖12　抽象程度與理解人數的關係

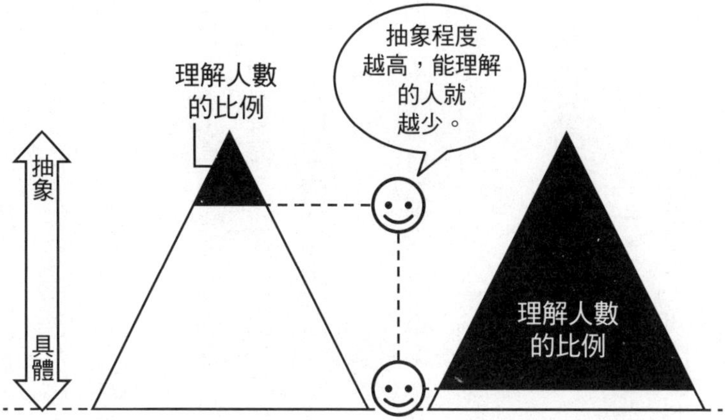

簡單來說，以計算為主的「算數」和需要進階概念來操作的「數學」之間，差異就在於抽象程度。學生隨著年級升高，所學的抽象程度也會提高，跟得上進度的人就開始變少。

如果說數學是縱向世界的學科代表，那麼世界歷史、日本歷史（但這些學科也不只是靠記憶）、英文單字等則是所謂的記憶型學科代表。雖然要記憶的量會隨著年級而變多，但難度不會像抽象學科那樣急遽上升，所以跟不上進度的學生會比較少。這也是這種關係用三角形呈現的原因之一。

解釋得越具體，能夠理解的人數就越

多。因此，那些面向大眾需要吸引更多受眾的政黨和主流媒體（非針對小眾市場，而是針對廣泛的大眾），以及需要流量的網路廣告和文章，都需要以具體且易於理解為訴求。具體派的人相信這些下游的價值觀就是一切，因此無法擺脫「抽象＝難懂＝不好」的刻板印象。

實際上，無論是構建社會制度、設計出能讓大眾參與的結構的基本構想、創造建築理念的人，即本書提到的系統開創者，都必須具備操縱抽象概念的能力。然而，這些人在社會上屬於少數（隨抽象程度提高，還會變成超級少數），所以他們的價值觀很難被大眾理解。

不過，這本書自然也不是針對大多數具體派的讀者所寫，如果受眾是具體派，那從書名到概念應該要有一百八十度的調整。

抽象化是指更高層次的後設視角

我們會在下一章詳細討論，抽象化表示能看清事物之間的關係。這需要從具體事物中跳脫出來，進行客觀檢視，即所謂的「後設視角」，可以想像成一種靈魂出竅的狀態，像是從上方俯瞰一切。

換句話說，「抽象程度提升＝視角提升」，也因此這個金字塔的垂直軸設定為抽象⇅具體，而三角形的頂點就代表高度抽象。

抽象程度提升＝看見全局

抽象程度越高，事情就越簡單；具體與抽象是N：1的關係；抽象化是從更高的後設視角來觀察事物──綜合上述這些要素，高度抽象的視角自然可以俯瞰全局，而具體的視角只能看見局部。而且因為具體事物的資訊量更大也更複雜，所以一個人有能力處理的範圍會變小，最終只能看見其中的一部分。

水往低處流

三角形是「抽象在最頂層，具體在最底層」的構造，之所以有這種上下關係還有另一個原因。人類的思考習性就跟河水一樣，從上游↓下游。具體思考更輕鬆也更自然，而抽象思考則需要有意識地去練習，否則很難做到（正如水往低處流）。

想想看，在你很疲倦的時候，如果繼續用空閒時間讀書，你會選擇高度抽象的數學習題，還是直接記憶的英文單字或歷史年份？大多數人可能會選擇後者。畢竟容易想像的事物比難以想像的事物更容易處理，這是很自然的想法。

具體：抽象是1：M的關係

最後，我想再分享另一種觀點。

前面提到具體與抽象是N：1（所以底層的較為寬廣）。不過，換個角度來看，從一個具體事物出發，也可以衍生出多個不同的抽象化方向。

舉例來說，一位名叫A的男性會擁有許多具體的屬性。性別、身高、體重、特殊技能、愛好、國籍……等。我們在抽象化思考的時候，可以從這些屬性中選擇一個（或少數幾個），將一群有同樣屬性的個體進行分類，比方說，根據「男性」屬性將所有男性歸為一類。

只要換個角度，就會發現抽象化的方法不只一種。以A先生為例，他在選擇衣服尺寸的時候，身高和體重這些決定「體型」的屬性會是重點，最後可能分類為L尺寸（＝抽象化）；而在出境或入境審查時，「國籍」這一屬性則會是關鍵。

這種概念普遍適用於抽象化思考，抽象化的方向取決於「時間和情況」。也就是說，即便是同一個具體事物，抽象化的方向也不只一種，而是有多種可能。

上段寫到取決於時間和情況，意思其實就是取決於「目的」。因此，根據不同目的，一個具體對象可以衍生出多種抽象方向，具體（個別事物）和抽象（分類）之間形成了一對多的關係。

這可能會讓你難以理解具體⇅抽象金字塔，因為先前提到金字塔結構，具體與抽象的關係是N：1，也就是說，具體事物向上抽象化時，呈現多對一的關係。

希望大家記住，抽象化可以有多種方向，這取決於目的。反過來說，金字塔其實是一個以目的為中心的抽象化結構。

這裡所說的目的，是指在具體⇅抽象金字塔頂端，呈現出的一個系統的目的。舉例來說，如果是一項專案，頂端的目的就是專案的最終目標；如果是公司等組織，就是該組織要達成的使命。根據這樣的定義，具體⇅抽象金字塔呈現的，是從頂點的目的到具體事物之間的關係。

●抽象就是事物之間的關係

接下來要解釋具體與抽象的差異，這與之前提到抽象化將多種事物「歸納為一」的

圖13　具體是個別事件，抽象是關係

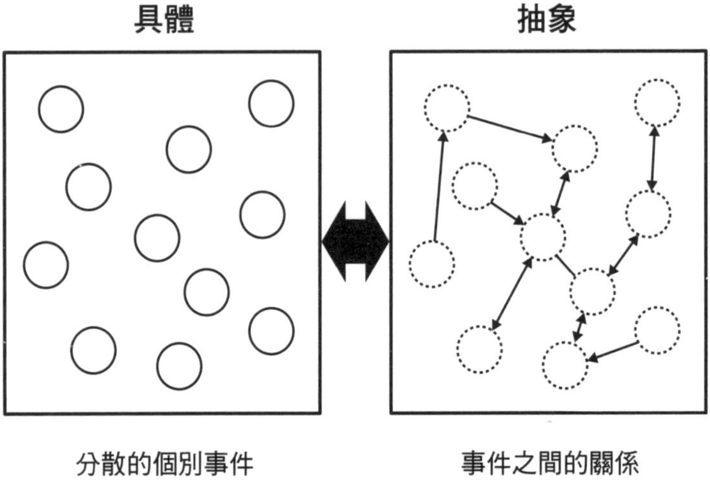

意義略有不同。具體是指個別且分散的事物，而抽象則是捕捉了這些事物之間的關係。

示意圖請參考圖13。

這就是本章〈能用五感感受的實體、不能用五感感受的概念〉小節提到的「看得見的東西」和「看不見的東西」的典型例子。

所謂的關係，如「因果關係」或「相關關係」並不是肉眼看得見的事物。我們在頭腦中構建這些關係並加以應用的過程，就是思考的本質。我們也可以這麼說，抽象化就是在事物之間尋找關聯性。

●具體是樹葉，抽象是樹幹

如果用一棵樹來比喻，抽象就像是去掉枝葉，只留下樹幹。我們在日常生活中，也常用「枝葉和樹幹」的比喻來描述事情的核心與次要部分。不過跟真正的樹不同的是，「什麼是樹幹、什麼是枝葉」是取決於目的。

因此，我們經常聽到（例如上司對下屬說）：「不要只看枝微末節的事，要看到核心。」這種話其實隱含了溝通問題，就是雙方對於該任務的真正目標沒有共識。由於目標不一致，可能導致一方認為的核心與另一方認為的核心不同。

●具體的自由度小，抽象的自由度大

討論具體與抽象差異時，自由度的大小也是不可忽略的概念。具體是自由度較小的狀態，而抽象是自由度相對大的狀態（見圖14）。

自由度本身是一種抽象概念，或許比較難捉摸，但把它想成是某種詞語或概念的「選項數量」的話，就會比較好理解。

圖14　具體的自由度小，抽象的自由度大。

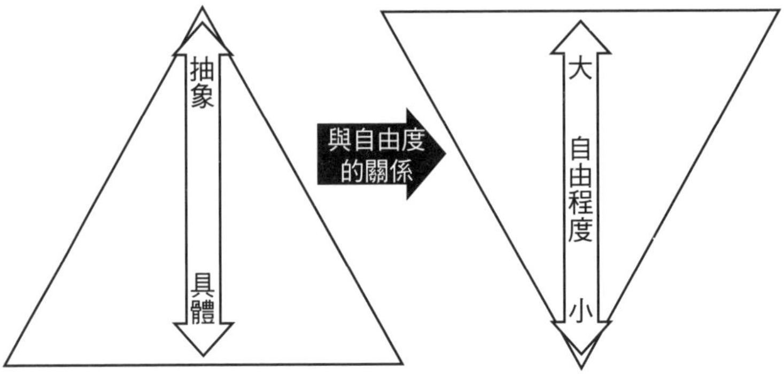

例如，當我們在說到世界上的人，那麼「人」這個概念就包含了將近八十億人的選項，如果具體化成「女性」，選項數量就會縮減到一半左右，再具體化到「日本女性」，選項數量會縮減到數千萬人，如果再進一步具體化到「明年參加成年禮的日本女性」……選項數量會不斷減少。最終，如果具體化到「名為○○且身分證字號為○○的人」，選項就會縮小到特定的個人。

反過來說，抽象化的意義在於「增加選項的數量」。在解決問題的過程中，具體思考往往只會帶來有限的選項，而隨著抽象度的提升，選項數量便會隨之增加。

這跟後文將討論的「系統的進化」有很大的關聯。不論是人生或組織，都會隨著成長和成熟，遵循著抽象→具體的大方向，而在這個過程中，自由度會逐漸降低。

具體是公倍數、抽象是公因數

你還記得數學課的公倍數和公因數嗎？

例如，12、30、70這三個數字的公因數和公倍數分別是多少呢？

說到這裡，可能很多人都想起來了。首先我們要對這些數字做質因數分解（拆解成質數的乘法）。像這題的話就是：

12＝2×2×3
30＝2×3×5
70＝2×5×7

為了找出公因數，需要

圖15　「公因數」和「公倍數」

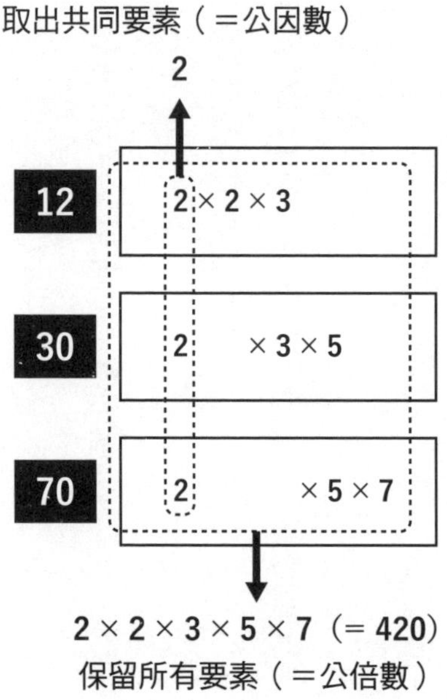

將這些共同部分取出，而要找出公倍數時，則需要將所有因數都取出，在不重複的情況下相乘（見圖15）。

因此，這三個數字的公因數，就是三者都有的2（剛好也只有一個公因數），而公倍數是420（還有其他公倍數，但420是最小的）。

這個過程可以系統化，並連結具體與抽象的概念（見圖16）。用集合論中的文氏圖來說明，抽象可以視為「交集」（即取and的情況）排除掉其他部分；具體則是保留所有構成要素（取or的情況）。

現在又有些抽象了，我來舉個具體的例子吧（同樣，筆者用高度抽象的模型來表達，是為了傳達一些普遍通用的訊息。談具體的例子，則是為了把抽象概念表達得更好懂）。

我們把抽象程度從三個數字降低到三隻昆蟲。

以「蚱蜢」、「獨角仙」、「蜘蛛」為例，這次我們不做因數分解，而是提取出這些昆蟲的屬性（跟數字不同，我們沒辦法完全列出這些昆蟲的屬性，而只能取一些主要的

圖16　用文氏圖來表示「公因數」和「公倍數」

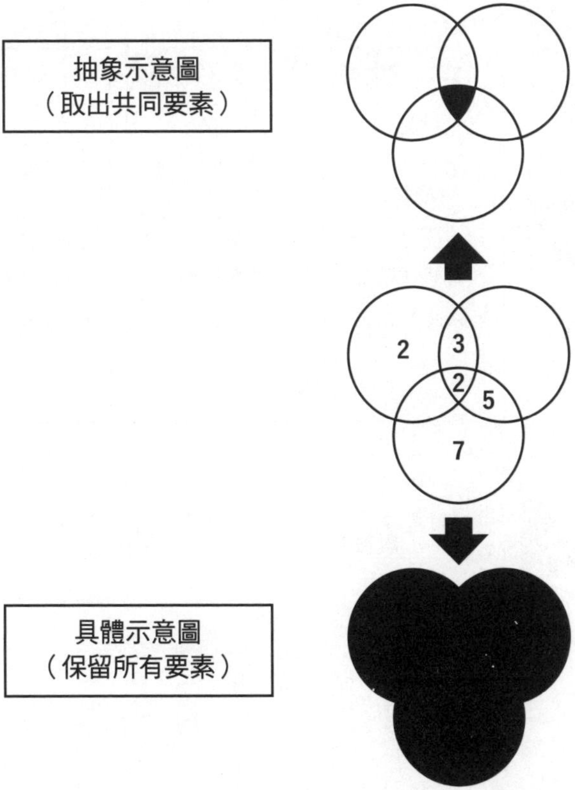

圖17　以「三隻蟲」為例

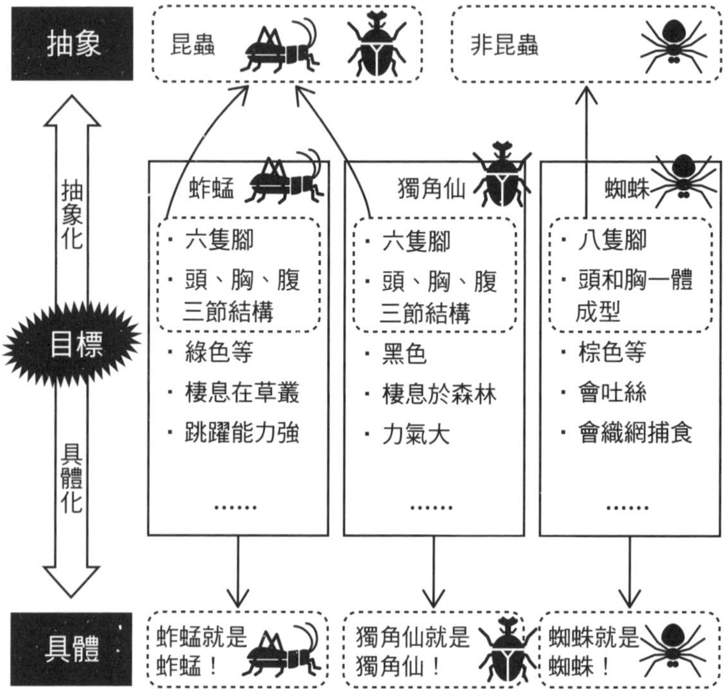

特徵屬性。日常生活中的抽象化過程也是如此）。

比方說，蚱蜢和獨角仙具有「六隻腳」和「頭、胸、腹分開」這些共通點而被歸類（抽象化）為「昆蟲」，而蜘蛛不具有這些共通點，所以被視為「非昆蟲」（見圖17）。

另一方面，我們如果從具體角度看這些昆蟲，就是尊重牠們各自的屬性（看到的原貌），並將牠們各自區分開來，所以「蚱蜢就是蚱蜢」、「獨角仙就是獨角仙」、「蜘蛛就是蜘蛛」。

●具體是萬物同等，抽象是做取捨

從具體層面看待事物，表示要逐一看待每一個事件，不會有優先順序或重要性。我們之所以可以判斷事情的優先順序與重要性，是因為能同時看見多個事件，而且看出它們的相互關係。

所以，經常能意識到事物優先順序的人，可能擁有較高的抽象視角。相反地，認為「所有事情都很重要」、難以列出優先順序，而且「什麼都無法捨棄」的人，則可能是深陷於具體的世界。

由此可見，抽象化視角是戰略性思考中不可或缺的。因為戰略性思考的重點在於「設定優先順序」，並以此為基礎加以「取捨」。

一切事物都有的「雙層結構」

當我們以抽象視角來看具體事件之間的關係時，會發現周遭的事物都具有「雙層」結構（見圖18）。

例如，如果書籍或文件中的單一字句、圖、表是具體的部分，那麼目錄或架構就是用來表示它們之間關係的抽象部分。

此外，用框架當作分類方法的模板，也可以說是一種較抽象的分類方法。例如，制定經營戰略時，為了全面掌握整體狀況，常使用SWOT（優勢／劣勢／機會／威脅）、3C（客戶／競爭對手／公司）、行銷的4P（產品／價格／通路／促銷）等分析的框架。這些框架並不是要讓我們思考個別事件由下往上的累積，而是透過關聯性來幫助我們掌握整體狀況，從而發現思考中的偏差。

目前為止，我們已經探討了具體與抽象世界的差異。但這種多層次的結構，正因為網路的普及而變得扁平化。

例如，報紙被網路文章取代時，原本報紙的整體結構會被拆散成單一文章，這樣一來，文章之間的關聯性也會變得薄弱。至於書本與網路文章，就單一句子的具體層面來

圖18　具體與抽象的「雙層結構」

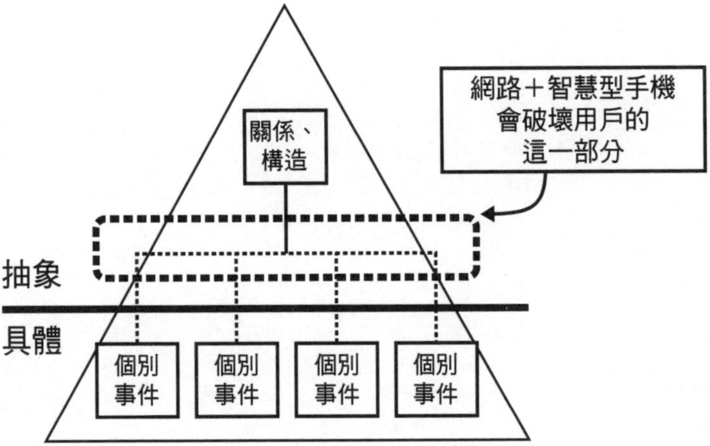

看，對讀者來說看似差不多，但網路文章的目錄和結構等較抽象的元素卻減少許多。

使用智慧型手機「閱讀」極為零散的網路文章，確實削弱了人們處理抽象概念的能力。這樣下去的結果，就是讓人變成「只會不斷執行ＡＩ指示」的生物。雖然在某種意義上，生活可能變得「輕鬆」許多，但對那些設計出ＡＩ的架構與流程的人來說，抽象化個別事件、並將概念具體化的能力卻非常重要。

你會怎麼選擇呢？我想，會拿起這本書的讀者，應該都不希望只能活在具體的世界中，然後盲目地追隨ＡＩ。希望本書能幫你鍛鍊處理抽象概念的能力。

總結練習

哪些是具體的，哪些是抽象的？

・現象和理論
・手段和目的
・個別和整體
・炒飯和中式料理
・戰略和行動計劃
・事例和法則
・個別事件和框架
・昆蟲和鍬形蟲
・正文和標題
・以物易物和貨幣交易

・每日計劃和三年計劃
・表面和本質
・普遍論和例外
・理想和現實
・數學和物理

第3章

抽象化是什麼?

本章談的是具體與抽象切換的一個面向，也就是從具體的個別事件轉換成抽象概念的過程。除了目前討論過的具體與抽象的差異，我也會解釋轉換思考的優點、缺點等附加效果。

在本書中，「抽象化」的範圍會比字面上的定義更廣泛一些。例如，「採用後設視角」、「思考為什麼」和「思考整體」等，雖然表面上看似與（狹義的）抽象化無關，但實際上，這些跟抽象的思考模式密不可分，所以我會視為廣義的抽象化。

●抽象化的過程

首先，我們先釐清一下抽象化的過程。

圖19顯示出，在具體事物的抽象化過程中，「抽象化」的位置。

具體→抽象→具體的前半部分，也就是輸入具體事件、輸出抽

圖19　抽象化的過程

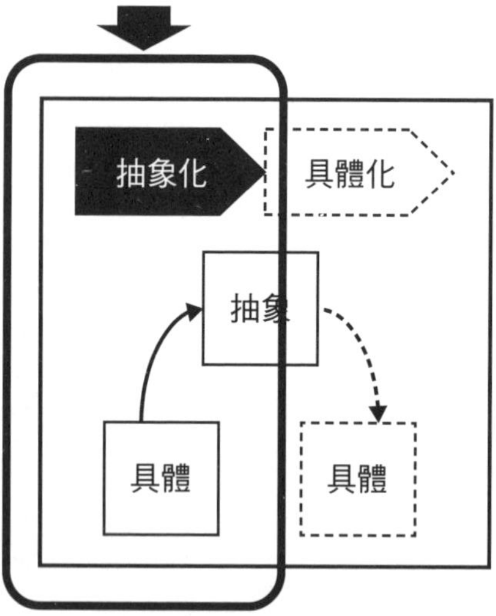

象概念的部分，這就是抽象化。因此，從具體的屬性轉換為抽象的屬性，正是前章說明的抽象化過程。

●抽象化是「歸納為一」

首先，抽象化最基本的定義，是將具有相同屬性的事物歸為一個類別，也就是「分類」的功能。請參考圖20的例子。

圖20下方有一些圖形，如果我們用「形狀」作為分類標準，就會像左上方分成圓形、三角形、四角形和星形（抽象化①）。這是抽象化的一個方向。

如前所述，從具體到抽象的方向不是只有一種。

例如，同樣是這些圖形的集合，如果我們不選擇用形狀分類，而是改成依「顏色」分類，那就會像右上方分為白色和黑色，這就是另一種抽象化（抽象化②）。

在第1章的具體與抽象的樹狀圖（圖10），每個分支部分都運用了這種分類方法。由於樹狀圖是分層結構的，分類還可以進一步發展到更高層次，層次越高，抽象程度越高，概括性也越強，涵蓋的對象數量也會增加。

圖20　抽象的基本是「分類」

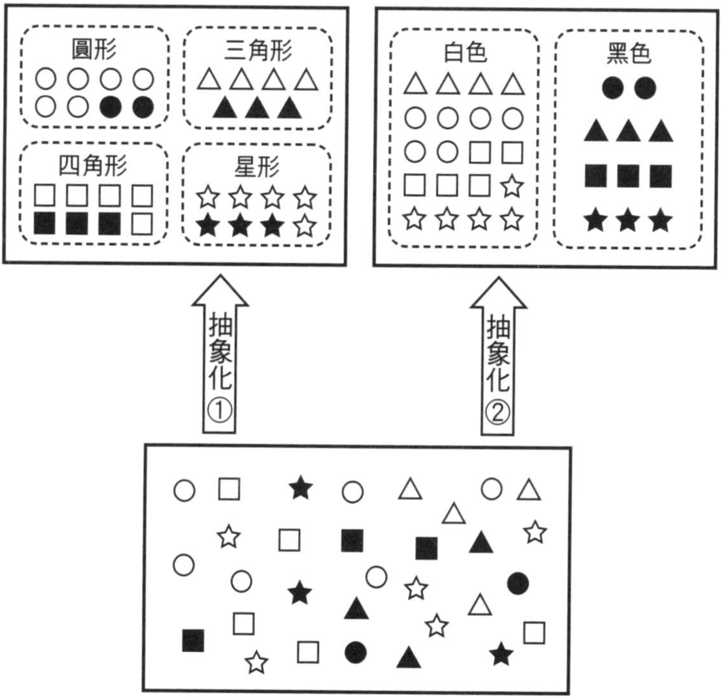

●抽象化是「劃界」

前面提到，抽象化是將不同事物歸納在一起，而換個角度來看（如圖21所示）也代表「劃出界線」，將不同的事物區分為不同的群體。

在制定任何規則或制度時，這種思維方式是必要的。例如，在設計補助金或稅金減免的制度時，就需要劃定類似「年收入〇〇萬元以下或以上」的界線。同樣道理，針對超速行為，也需要劃定「時速〇〇公里以上即為超速」的標準。

這樣就暴露了抽象化的侷限性。在抽象的世界，將事物粗略劃分為不同類別，雖然可以簡單處理多個事件，卻會同時忽略個別事物的特殊

圖21　抽象化就是劃出界線

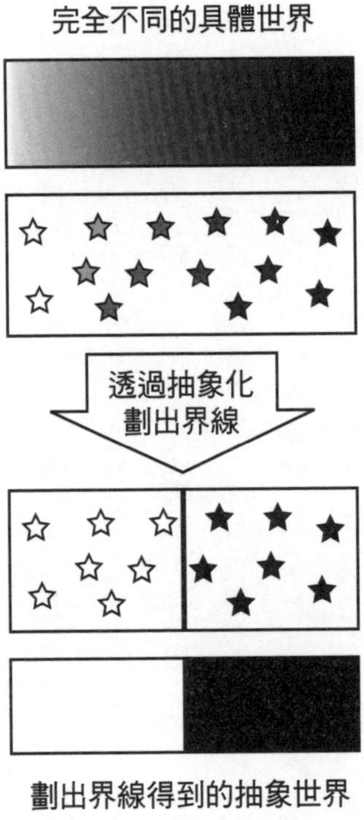

性，所以「抽象化的扭曲」是無可避免的。例如，「年收入五百萬且有兩千萬存款者」或「年收入五百萬且有兩千萬債務者」也許會在相同規則下一視同仁，否則規則就無法運作。習慣具體思考的人可能會對此嗤之以鼻，而這就是抽象化的極限。

思維靈活的人，會在環境變化導致這種「扭曲」增加時，意識到這是「重新劃定界線」的時機。他們會再次觀察具體事物，然後進行新的抽象化。不過，具體思考的人往往認為「界線一旦劃定就是絕對的」，因此造就了具體與抽象層次的落差。

劃出界線讓人變聰明，但劃定的界線也會引發爭端——這是人世間的常態。

抽象化的行為，會將所有灰色地帶的事物劃分成黑白兩類，從這一點來看，正如類比到數位的轉換過程。將音樂從類比轉換為數位，代表要「細微差距的音色」轉換成「0或1」的二進制，雖然這樣捨棄了許多細節，但數位資料帶來了無限的應用可能性。這種轉換的優缺點，正與抽象化的過程相似。

●抽象化是「一言以蔽之」

抽象化是指從對象附帶的各種特徵中，提取出符合特定目的的特徵。例如，將某份一百頁的資料用「一言以蔽之」的形式，將龐大的資訊濃縮成簡單一句話，也是抽象化的一個面向。

這裡的重點在於，歸納這個行為取決於目的，跟我們在第2章提到的一樣。

即使是對同樣一份一百頁的資料，不同人根據各自的需求可能就會得出不同的關鍵資訊，可能是「這份報告的結論，應該對資金運用計畫有幫助」，也可能是「這目前還不關我的事，可以先不管」，或者是「應該趕快跟同事分享」。

像上述這樣，思考不同情況的變化而將龐雜的資訊進行歸納，是抽象化很重要的一個面向。

●抽象化是「選擇性地截取」

在某種意義上，抽象化的意思是：（根據目的）從多個屬性中，選擇性地截取出特定的屬性。讀到這裡，相信你應該已經知道，這種「截取」是縱向世界層面的意涵，與一般常聽到的「斷章取義」有很大的不同。

社會上經常用到「斷章取義」的說法，表示從一整段對話中挑出只對自己有利的部分——也就是在橫向世界的大量資訊中，選擇性地只截取了部分資訊。

然而，抽象化中的「截取」是從眾多屬性中選取部分屬性，也就是在縱向世界中截取。我們可以在具體⇅抽象金字塔中看到，越上層的範圍越窄也越簡單，可見抽象化過程中有許多屬性都被捨去。

●抽象化是「為了達到目的」

關於「一言以蔽之」的做法，必然會取決於當下的目的。這一點已經解釋過。換句話說，思考目的與抽象化是密不可分的。如前所述，抽象化就是「選擇性地截取」，而「選擇性地」指的是符合當下的目的。

「思考為什麼」與抽象化，這兩者在根本上是相連的。

關鍵在於，「橫向截取」因為關乎知識或資訊量的多寡，所以對任何人來說都很好理解（例如，只報告對自己有利的情況）。然而，「縱向截取」是一種看不見的抽象化過程，本質上是難以被看見的，所以很難察覺取捨的過程。這正是兩者的區別。

發生任何溝通上的落差時，首先要懷疑的第一件事就是這種「選擇性的截取」。

圖22　「縱向截取」與「橫向截取」

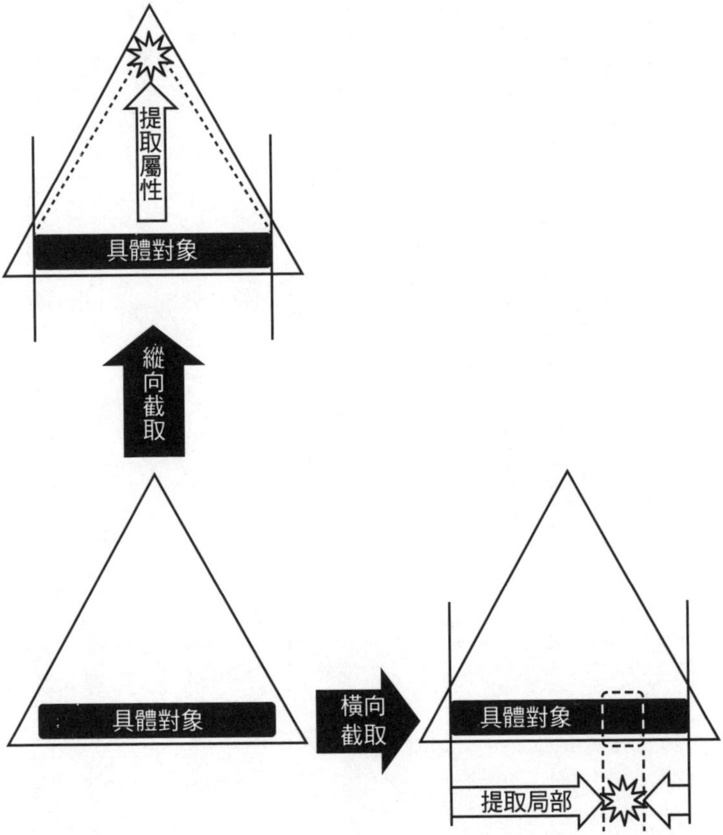

這種情況很有可能發生在彼此身上，[3]如果其中的「截取」是橫向截取的話，透過確認彼此的認知（像是分享雙方觀點所憑據的事實），通常比較容易辨識出這些落差。

不過，如果是縱向的截取方式不同時，發現或辨識出其中的差異會非常困難，這正是具體與抽象的認知差異的核心。

典型的誤解模式往往來自於「詞語定義的差異」。首先，語言本身是抽象化的產物，所以詞語定義的差異就是前面提到的「縱向截取方式的差異」。

我舉一個例子。近年來ＡＩ成為熱門話題。關於ＡＩ的討論，例如「十年後ＡＩ會進化到什麼程度」或「ＡＩ應該如何與人類共存」等，問題的方向將會因為對ＡＩ的定義而截然不同。

如果定義為AlphaGo這種專門解決特定問題的專用ＡＩ，那就完全無法跟定義為試圖取代人類智慧的ＡＧＩ（Artificial General Intelligence）討論下去。

因此，應該先從不同的角度（功能、目的、時間軸等）來定義這些詞語，並統一它們的含義。關於語言的定義將在第6章詳述。

●抽象化是「捨去」

如果說，抽象化是提取特定的特徵，那麼換句話說，抽象化就是從大量資訊中截取了某些部分，同時捨去不必要的部分。也就是說，抽象和捨去一體兩面。所以不可避免地，抽象世界會與「如實捕捉一切」的現實世界相去甚遠。具體派的人往往對現實很執著，所以良心的譴責常常讓他們無法進行抽象化。

同樣地，在具體的世界中，「所有事物看起來都不同」，所以很難決定優先順序。具體的世界裡「萬物同等」，而抽象則是根據情況果斷取捨，只強調部分元素。

這個道理，跟「戰略」和「戰術」的差別有密切關係。兩者有各種不同的定義，但如果從具體與抽象的角度來看，戰略是一種高度抽象的行為，是「根據目的果斷設定優先順序，徹底捨棄不必要的東西」；而在戰術中，具體性極為重要，「使用既有的條件，全面具體化並付諸實行」。

3　作者注：詳細內容可參考拙著《為什麼和他聊天總是不對盤》（なぜ あの人と話がかみ合わないのか，暫譯）。

●抽象化是「用語言或圖像表達」

如前所述，語言是抽象化的產物，因此「用語言表達」其實就是抽象化的意思。

同樣地，圖解也是抽象化的產物。擅長用語言和圖像表達的人，就是擅長抽象化的人。因為簡化事物之間的關係是圖像的主要目的，需要大膽捨去資訊。從這一點來看，如果說「寫實畫」是具體的代表，那「簡化圖」就是抽象的代表。

●抽象化是「提高自由度」

具體與抽象的其中一個主要差異，就是自由度的高低。因此，既然抽象化是從具體到抽象的轉換過程，那也代表了自由度的提升。

前文有提到，自由度的提升表示擁有更多選擇。

舉一個簡單的例子，

比起「去吃豚骨拉麵」，（較抽象的）「去吃拉麵」的選擇更多；

比起「去吃拉麵」，（較抽象的）「去吃中式料理」的選擇更多；

而比起「去吃中式料理」，（較抽象的）「去吃些東西」的選擇更多。

我們可以看到，抽象化的程度越高，選擇的範圍跟自由度也會隨之增加。

●抽象化是「增加維度」

如果要試著用其他詞語來表達「自由度」，可以用「維度」。這是一個高度抽象的詞語，但它能夠應用得更廣泛，也能幫助我們用更有彈性的方式來思考問題。

前面提到的「自由度」也可以當作一種表達維度的方式。不過，換個說法，我們也可以稱之為「變數」。

我舉一個例子。有一句話叫做「時間就是金錢」。如果用具體與抽象的概念來思考，我們可以把時間和金錢這兩個概念進一步抽象化，將兩者都視為（實現某種目標的）資源。

透過這種抽象化，我們就能把維度從只能處理時間或金錢的第一維度，提升到可以同時處理時間和金錢的第二維度。這還可以用圖解來說明，請參考圖23。

在一維思考的狀況下，我們只可以用像是「一小時或兩小時？」或「五百日元還是

圖23　從二維思考「時間就是金錢」

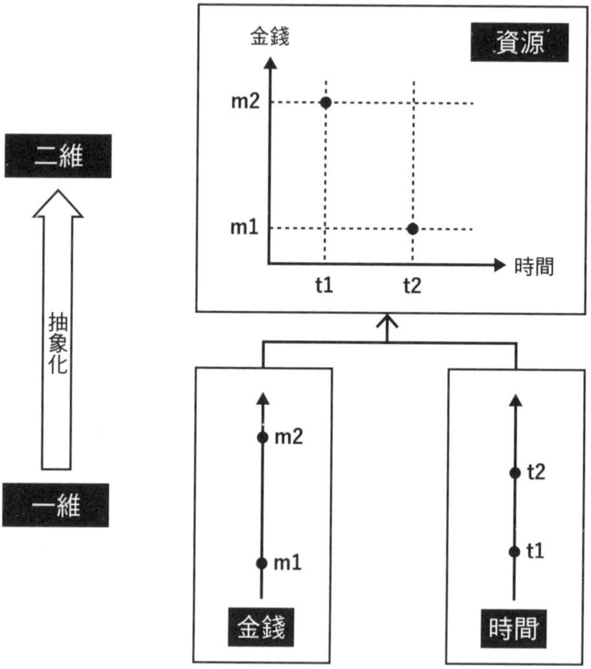

一萬日元？」這種物理上的量來選擇；但換成二維思考，我們就可以讓決策變得更靈活：「是花五千日元與兩小時完成，還是花費一萬日元但可以一小時解決？」

增加變數的概念

我再介紹另一個增加維度＝變數的例子（見圖24）。

在企業經營的數字管理中，有成本中心、

利潤中心和投資中心等概念。

最典型的成本中心就是人事部門，主要管理指標是成本最小化（因為這些部門不會帶來營收，只需要管理成本），所以屬於一維的管理。相較之下，利潤中心（如業務部門）需要透過管理業績和成本來實現利潤最大化，屬於二維的管理。

再加上「投資」這一個時間軸，管理單位就成了所謂的投資中心。這類單位需要同時管理三個指標：成本、收入和投資。這種情況下，管理就進

圖24　增加企業管理的「變數」

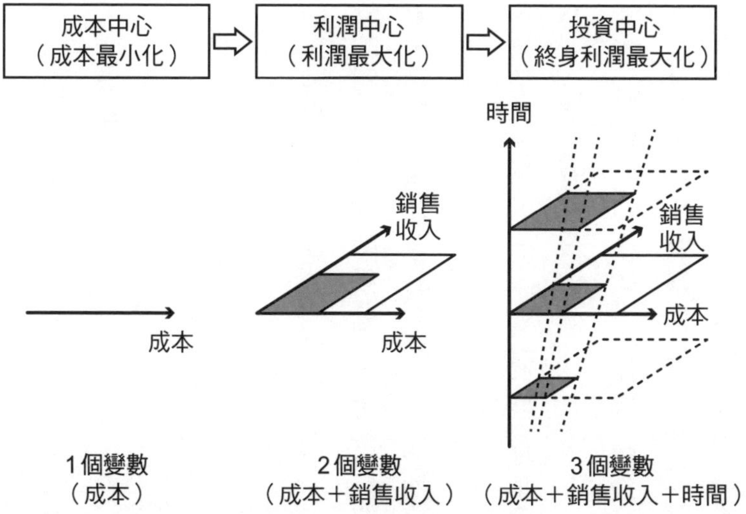

資料來源：《發現問題思考法》（東洋經濟新報社）

入了三維。

就像前面提到的其他問題一樣，隨著維度的增加，管理上的自由度就越大，與低維度相比，高維度的管理將可以選擇更多靈活的方案與策略。

●抽象化是「連結無形的線」

我在第2章提到，具體是個別事件，而抽象則是這些事件之間的關係和結構。也因此，抽象化就是要明確事件之間的關係。所謂的關係，可以指因果關係、手段與目的的關係、比較某些指標而產生的優劣關係。本書主題「具體與抽象的關係」同樣是抽象化的產物。

對於只專注於具體事物的人來說，一切事物都是雜亂無章的，但對於觀察抽象事物的人來說，卻能從中看見無形的關係（見圖25）。這裡以因果關係為例。

如果把周遭的各種分散事件建立起因果關係，我們就可以做預測。比如，靠近桌邊的玻璃杯要是再被往外推，就會掉到地上，然後摔破——我們就算從沒這樣做過，卻也能輕鬆預測到這種結果。因為我們從過去的經驗中學到了各種因果關係，例如「物體失去支撐就會掉落」、「玻璃杯掉到地上會摔破」等，所以可以預測到類似情況。

到目前為止，我談到了抽象化是一種知識能力的優勢，但它同時也潛伏著一個陷阱，即「只截取對自己有利的部分」。事物的因果關係，可能取決於近乎無限的變數（潛在要素），所以我們很難去驗證根本原因。我們經常為了自己方便去解釋因果關係，這也是人類思考的一種壞習慣。

心理學上有個「認知偏誤」的概念，指的是人們無法客觀看待事物，因為個人總是基於過去經驗或各自的理由，而難免會帶著一些偏見。

圖25　抽象化是連結「無形的線」

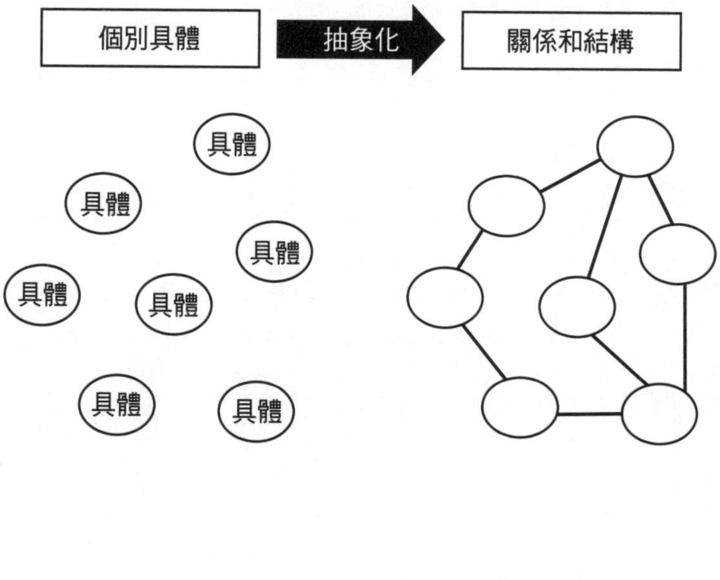

討論因果關係時，尤其需要注意這種認知偏誤。抽象思考注定是不可避免的，而我們通常會根據自身利益，去解釋事情有沒有因果關係線，或者連結的程度多深。

這種情況在年長者、創業家或經營者身上尤其明顯，他們傾向強調對自己有利的因素（如自己的努力），以此來合理化自己的成功。

人們在成功時，往往會把努力視為成功因素，而非運氣；但在失敗時，卻傾向認為是自己運氣不好，而非努力不足。尤其是喜歡推卸責任的人，更傾向將百分之百的責任歸咎於他人和環境，因此他們沒有煩惱，也不會有任何進步。相對地，自我負責的人會從自己可控的因素中找出失敗的原因，下一次可能就會成長，但他們也會因為「責怪自己」而增加了很多煩惱。

雖然不憑直覺、使用數據進行統計分析的方式，可以在一定程度上消除偏見，但追根究柢，甚至取樣的方法也可能帶有偏見，所以想要完全消除偏見是不可能的。

此外，「關係」這個詞基本上是用於兩者之間，而在本書中，擴展到三者以上的關係時，我會用「結構」來表達，也就是一種更複雜的關係。因此，結構化也是抽象化的重要功能之一。

●抽象化是「打破雙面鏡」

抽象思考，是在具體的世界中提高抽象程度，進而在具體⇅抽象金字塔中向上攀升。換句話說，當我們無法進行抽象化時，就無法看見抽象程度更高的世界，彷彿身處黑暗世界一般的狀態。

圖26的左側顯示出了這種狀態。職場經常會用到「玻璃天花板」這個詞，意思是可以從下方往上看，卻有一層看不見的障礙。從具體世界是可以仰望抽象世界，但看不清上面有什麼。換句話說，生活在具體世界中的人是無法看見抽象世界的。

反過來說，能看見抽象世界的人也可以看見具體世界，因為後者只需要憑藉五感──而大多數人（儘管程度不同）都能正常運用這些能力。

具體世界是透過五感來感受，很少有人會看不到（或聽不到、摸不到、聞不到、嚐不到），但抽象世界卻只有看得見的人才能看見（其他五感也是如此），這很重要。

如果以為「我能看見的抽象世界，別人也能看見」，就會導致溝通發生重大誤會。

圖26　抽象世界「只有看得見的人能看見」

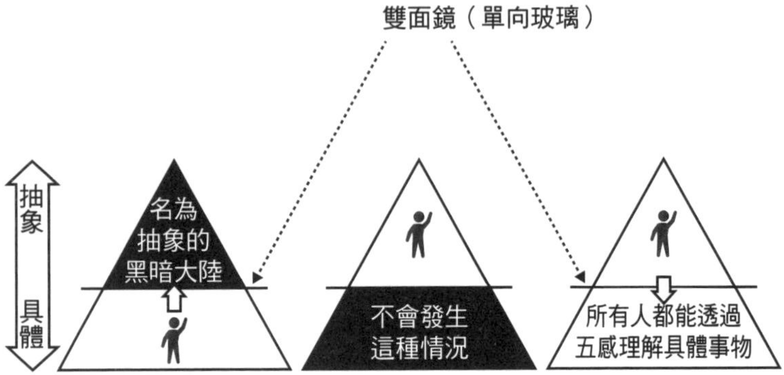

那麼，如果只能看見具體世界，那會對現實生活有怎樣的影響？我們可以用解決問題為例。說是解決問題，但也不是特別複雜的事，而是我們日常中自然而然會做的。

比方說，我們在工作或生活上制定計畫或解決單一問題時，其實都屬於解決問題的範圍。

這些情況下，常見的是「依靠過去的知識和經驗來解決問題」（橫向世界的思考方式），這種方法通常會遵循前例，或者直接套用之前的經驗。圖27的左側就是這種模式的示意圖。

保守的人或組織經常採用這種思維模式——他們會依靠前例或過去經驗，實際上沒有真正深入思考，所以也算是一種停止思考（這不一定是壞事）。

當外部環境和其他條件沒有變化時，這些解決方案通常有效，但如果條件改變，這種方式就會缺乏應對變化的能力，也就是前面提到的「穩定期的具體、變革期的抽象」的具體例子。

相對地，如圖的右側所示，本書提倡的思維方式，是包含了抽象世界的問題解決方法，將抽象化與具體化結合思考。這種方法不只把前例視為單純的前例，而是提取背後的目的或背景等屬性進行抽象化，進一步用1：N思考其他解決方案。隨著時間的推移，過去使用的解決方案未必是現在的最佳選擇。

一個人能否看見抽象世界，這會直接影響到他是否會被所謂的常識束縛（見圖28）。

圖27　看得見與看不見抽象世界的人之間的區別

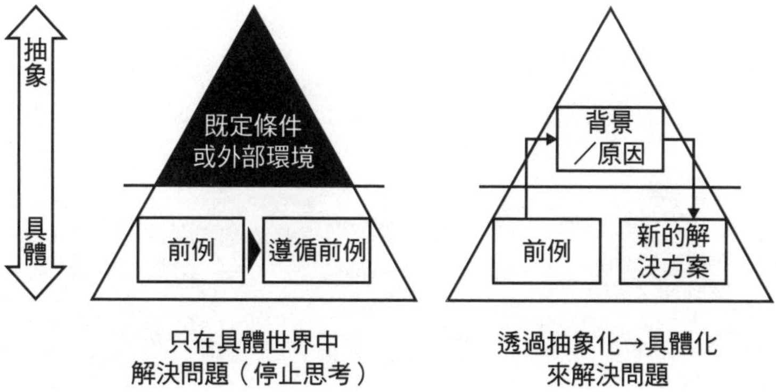

被規則或常識束縛的人，意思基本上就是被具體層面所限制。他們深信那些規則和常識就是世界的全貌，無法跳脫出這個框架。

另一方面，能夠將規則和常識抽象化思考的人，會從更高的後設視角來審視，並探求這些規則和常識的必要性和意義。這樣的探求過程，可以提取出規則和常識在抽象層面上的意義，如果環境發生變化也能創造出新的規則，從零開始建立起下一代的常識。

之前提到的「從上往下看得見，但從下往上看不見」的雙面鏡法則在這裡也適用。

被常識束縛的人的最大課題，在於他們無法從更高的視角來認知到自己正在被常識束縛。正因為具體與抽象所聚焦的層面不同，也

圖28　人是否被常識束縛的差異

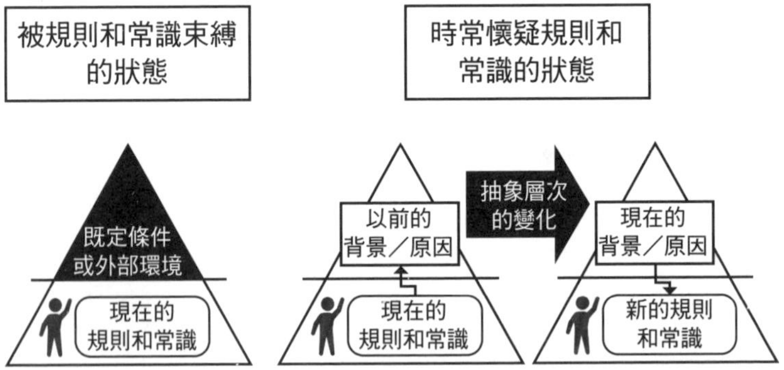

會導致溝通上的落差。關於溝通落差的實際案例會在第5章詳細說明。

●抽象化是「問Why」

具體是指個別事件，而抽象則是指這些事件之間的關係。

在這些關係中，無論是原因與結果的因果關係，還是手段與目的之間的關係，都可以用「Why」這個疑問詞連結起來。

思考問題時，這個疑問詞特別重要，與「何時」、「何地」、「何人」、「何事」其他4W不同。這正是前面提到的維度差異。其他4W都可以用一個名詞來回答，像是一個「點」（＝一維），只有Why是用來說明關係的「線」（＝二維）。

由此可見，Why是可以用來「提升維度＝抽象化」的疑問詞。

●抽象化是「後設認知」

有一個名詞叫做後設認知（Meta-cognition）。「後設」是指從脫離對象的角度來觀察事物。例如，用靈魂出竅的方式觀察自己，或是在解決問題之前先思考問題的本質，也就是從「從更高的視角來思考」究竟〇〇是什麼。

以具體與抽象之間的關係來看，如前所述，具體是個別、零散的事物，而抽象是這些事物之間的關係。所以，抽象化就是從更高的層次來觀察具體事物。因此，後設認知能力和抽象化能力是密切相關的技能。

●抽象化是「大局觀」

抽象化就是尋找關係和連結，並加以結構化。因此，只有在個別事件的集合體存在時，抽象才會成立。此外，我們需要時時刻刻看見各個事物的關係，在思考相鄰兩個事物的關係時，如果沒有看見整個系統的全貌，那就失去了意義。

這就是為什麼在抽象化時需要俯視全局。當我們試著看清整體時，視角必然會上升到後設視角。本章對於抽象化的許多描述，在本質上都是相連的，彼此有深刻關聯。

●知識量不影響「抽象思考」的能力

從目前的討論來看，抽象化就是縱向世界的代表能力。當這項能力與知識的橫向能力結合起來，人類的智能才得以發揮。

在這些能力中，知識這一種橫向能力，基本上會隨著年齡和學習時間的累積而不斷提升（除非忘記），不過，邏輯思考和抽象化這些屬於縱向的能力，卻不一定會隨時間提升。就算是知識沒有大人豐富的小孩子，或是專業知識遠不及專家的外行人，也完全有可能掌握這種能力。

知識與思考的關係，就像食材與料理的關係。食材當然越多越好，但食材的多寡並不會直接影響烹飪的技術，兩者可以分開來看。

當然，一流的廚師通常也會很講究食材，同樣道理，要做出優質的思考，優質的資訊和知識是不可或缺的。

第4章

具體化是什麼？

繼上一章的抽象化之後，本章將探討後半部分的具體化（圖29）。這次是從抽象到具體的轉換，因此前章說明的具體與抽象的屬性關係，將會顛倒過來。

● 具體化的過程

具體化的過程屬於抽象化的下游部分，是將抽象化後獲得的法則或規則重新具體化，然後應用到自己關注的領域，最後轉化為具體的行動。

所以，在具體化的過程中，輸入的是高度抽象的理論和法則，而輸出的則是具體的行動。

圖29　具體化的過程

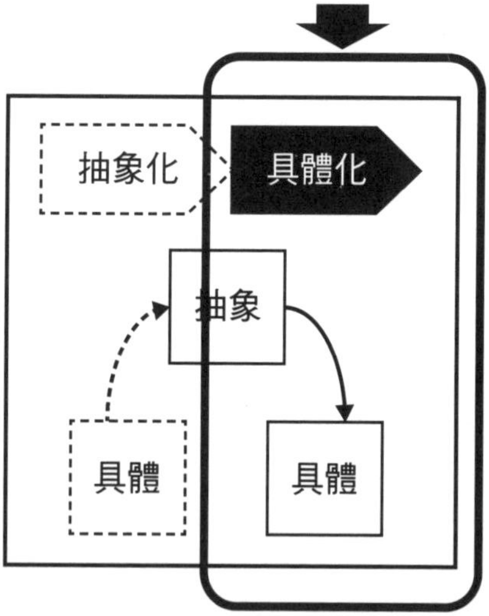

●具體化是「降低自由度」

我們在上一章說明了抽象化代表提高自由度。這樣的話，具體化必然表示降低自由度。換句話說，具體化就是逐步縮小選項和變數的範圍。因為具體化是解決問題的後期階段，將選項範圍縮小到少數幾個，然後再付諸執行是很重要的。

所謂的問題，意思也可以說是「要選擇哪些變數」。

所以在定義問題之前，需要透過抽象化來擴展變數的範圍，並思考：「真正的問題（變數）是什麼？」不過，只要問題的定義明確之後，變數的範圍就需要逐步縮小，進而縮小解決方案的選項。解決問題的時候應該固定變數，與其自由發散的思考，更重要的是專注在既定變數中找到更棒的解方。

●具體化是「問 How」

如果說，代表抽象化的疑問詞是「Why」，那麼代表具體化的疑問詞就是「How」。

從手段（具體的代表）和目的（抽象的代表）的關係來看，會很好理解：從手段推導目的是Why，從目的推導手段則是How。換句話說，Why和How有著反向轉換的功能（見圖30）。

●具體化是「在劃定的範圍內，補充細節」

如前章所述，抽象化是劃定界線，那麼具體化就是在已經劃定的界線內進行思考。正如解決問題，是在已經定義的「問題」範圍內進行思考。以組織為例，建立組織（劃出界線）屬於抽象化，而既定的組織要執行具體的措施則是具體化。

此外，規定或規則類型也是一樣

圖30　具體化是問How、抽象化是問Why

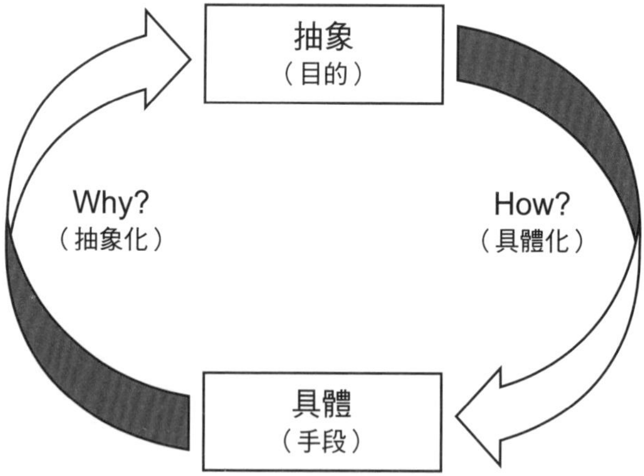

圖31　具體化指的是詳細化界線的內部

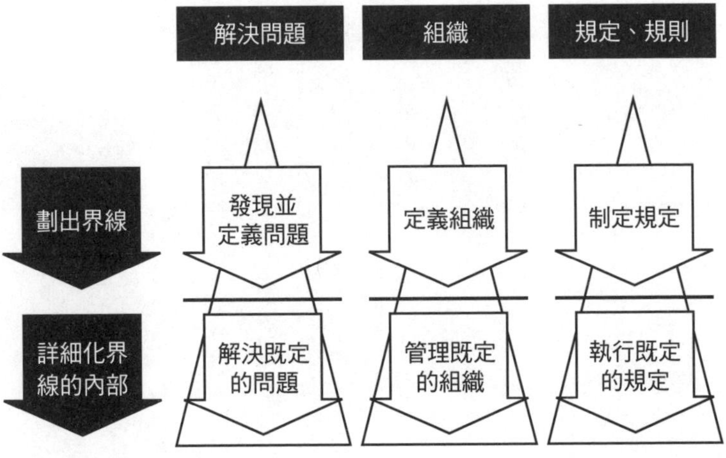

的。制定新規定或新規則需要的是抽象化，而在既定的規則或規範中進行詳細化（Refinement）則是具體化的過程。

●具體化是「讓事物變成數字和專有名詞」

首先，請參考圖31，然後思考以下的練習問題。

雖然有許多不同的切入角度，但在這裡，請從本書主題「具體與抽象」的角度來思考。

✎練習問題

背景

為了減輕明顯高於標準的體重，直人過去五年一直很努力減肥。剛開始的第一年稍微有效果，但之後一直處於起起伏伏的狀態。因此，他在新的一年立下了「今年一定要達成」的目標。

直人的新年目標

1. 保持規律的生活
2. 改善飲食的習慣
3. 不吃多餘的東西

↓達到減重的效果

直人究竟能不能實現目標呢？
如果能實現的話，為什麼？
如果不能實現的話，問題是什麼？

大家覺得如何呢？

從「新年目標」的主題來看，討論這些目標是否能達成時，可以說充滿了吐槽點。

比方說，以下這些情況。

- 「規律的生活」是怎樣的生活？
- 「改善飲食的習慣」要怎麼改善？
- 怎樣才叫做「改善」？
- 「多餘的東西」是怎樣的東西？
- 如果以前吃的「多餘的東西」真的多餘，那是不是早就能戒掉了？

這些問題其實都可以從一個觀點來歸納，那就是目標太過於抽象，或者缺乏足夠的具體性。

對於這類目標的設定，如果要進行具體化，簡單來說就是轉換成「專有名詞」和「數字」。

那麼，為什麼一個目標需要具體化呢？這就關乎本章的主題——具體化的根本意義。如前所述，具體化是解決問題的後半部分，也就是透過實際行動付諸實施的階段。執行的計劃越具體，實現的可能性就越高。

●具體化是「不讓人找理由」

具體化的過程，會減少解釋上的自由度。所以具體化的重點在於，避免太過自由地解釋目標或計劃。反過來說，較抽象的表達方式往往會留下太多解釋空間（＝逃避的後路）。

這在實行扣分制度或不容許失敗的組織中尤為明顯。例如，這些組織在設定各種目標時經常（無意識地）使用以下詞彙。

年度目標
- 徹底實施〇〇
- 強化〇〇
- 改善〇〇

這些描述非常抽象，究竟結果算不算是達成目標都可以隨意解釋，因此留下了許多退路。到底怎樣才算是「徹底實施」、怎樣才算是「強化」、怎樣才算是「改善」，這些都可以根據結果隨意編造故事。

這些說法往往出現在大企業、官僚機構等扣分主義的組織，讓人一看就知道目的無法執行（不打算認真執行），只是為了應付當下的承諾。

在扣分主義的組織裡，成員們總是會選擇能夠為自己留下後路、且比較不會受到公開批評的詞語來避免失敗。

遵循「實行時要具體化」的原則，至少需要使用數字和專有名詞（例如，將A公司的銷售額提高五％）來設定目標，否則執行的可能性會大打折扣。

●具體化是「釐清差異」

如果說抽象化是為了尋找共同點，那麼具體化就是為了釐清相異之處。

這一點在後面提到的溝通落差中也是重要因素。抽象思考的人總是試圖找出共同點和通則，而具體思考的人則是試圖找出相異點，兩派之間的對立無疑是永遠的課題。

尋找相異之處的心態，與「認為自己或自己所屬的世界十足特殊」的心態密不可分。

這種「一切看起來都很特殊且各不相同」的觀點，與本書所提到的橫向價值觀不謀而合。這是因為，知識在某種意義上就是區分差異的過程。例如：兩棲類與爬蟲類有哪些區別，或比目魚和鰈魚有哪些區別，其實都仰賴具體而詳細地觀察事物。

●具體化需要知識的力量

如前所述，具體化的輸出是各種具體的事件。抽象化中的「具體→抽象」是向上集中的過程，相對地，具體化中的「抽象→具體」是向下發散的過程，資訊量會不斷增加。

在具體化的過程中，資訊量和知識的多樣性非常重要。雖然抽象化不需要大量資訊，但具體化則需要相當多的資訊，來將抽象的概念具體化為可行的行動。

然而，橫向世界和縱向世界所需的資訊量也不盡相同。在橫向世界中，「量」是最重要的，但從縱向世界的抽象到具體的過程中，需要的則是「寬度」，或者說是多樣性。

在橫向世界中，累積同一個領域的大量資訊是有價值的，但在縱向世界中，更重要的是擁有多樣化領域的知識和資訊。這是因為抽象化的目的在於聞一知十，將知識應用到原本領域之外的其他領域。

如圖32所示，擴展的方向與自由度相反，或許有些讀者會困惑，但這是因為我們在看具體與抽象的不同面向（順帶一提，在日常交流中，我們也常常因為看見同一事物的不同面向，導致矛盾或溝通不良）。

不妨把這張圖聯想成一棵樹（上下顛倒），從根部到樹幹，然後再向上展開為枝葉的過程。自由度的討論，意味著沿著其中的一條分支，經過多次分岔，最後通往末端的一片葉子的過程。

●兩種比喻，一看就懂

日文的比喻主要有兩種類型。一種是「明喻」，一種是「暗喻」。

圖32　抽象化是「集中」、具體化是「發散」

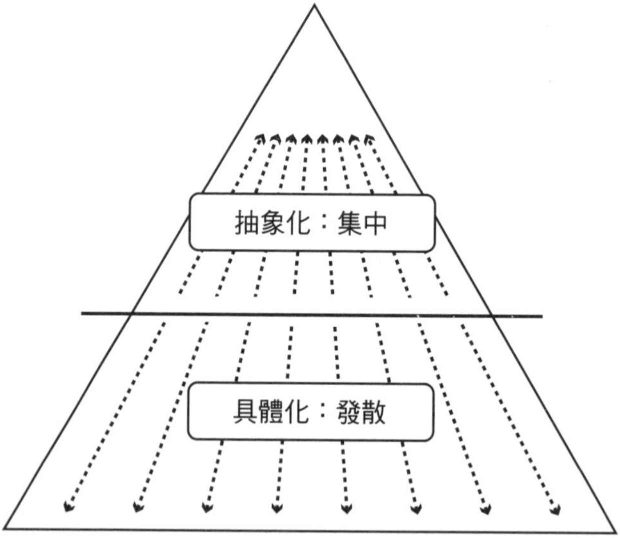

圖33　「明喻」和「暗喻」的差別

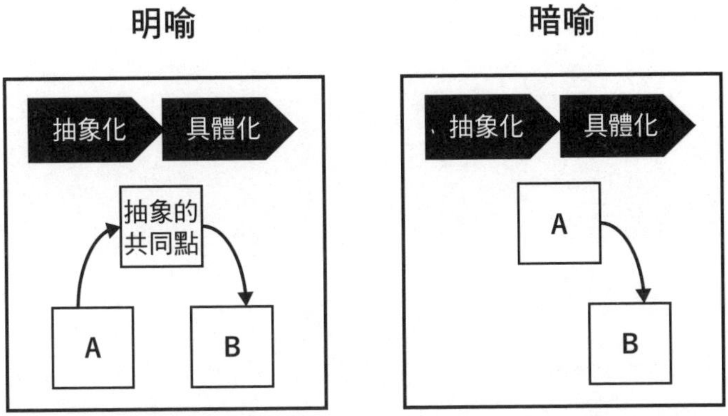

「將A比喻成B。」　「在說A，但舉B為例。」

兩者有時候會被混淆使用，但在本書利用具體與抽象來清楚地表達出兩者之間的差異。如圖33所示。

實際上，這些詞語的用法往往沒有明確的區分，但如果我們用「抽象化和具體化相結合的具體與具體的關係」（圖左）或「僅針對具體化的抽象與具體的關係」（圖右）來呈現的話，兩者的差異就會很明顯了。

第5章

「具體↑↓抽象金字塔」的世界觀

目前為止，我們已經了解了具體與抽象的基本方法。接下來，我將解釋如何把這種思考運用在工作和日常生活。

在本章中，我會嘗試用前面幾章提到的「具體⇅抽象金字塔」來解釋各種現象。

■像河流一樣解決問題

首先，我們要把具體與抽象應用在「解決問題」的一般情境。在此把解決問題的過程比喻為河流的流動，希望大家能夠有系統地理解並應用從抽象到具體的轉換工作。

●從上游到下游，從抽象到具體

具體與抽象的變化，也可以從時間流動的角度來觀察。

簡單來說，在我們的日常生活和工作中，一個封閉的系統（即一個整體連貫的事物集合）會隨著時間的推移，遵循著抽象↓具體的不可逆過程。而當一個新的系統開始時，又會從抽象開始（見圖34）。

例如，這裡所說的系統以及所謂的上游↓下游的流動，適用於：

- 資訊系統和建築等結構物（概念↓基本設計↓詳細設計↓建造施工↓使用）
- 新產品的構思到銷售和服務
- 購買產品的流程（從「我想要這個」到實際購買）
- 一個人的一生（從出生到死亡）

圖34　「具體與抽象」與時間流動

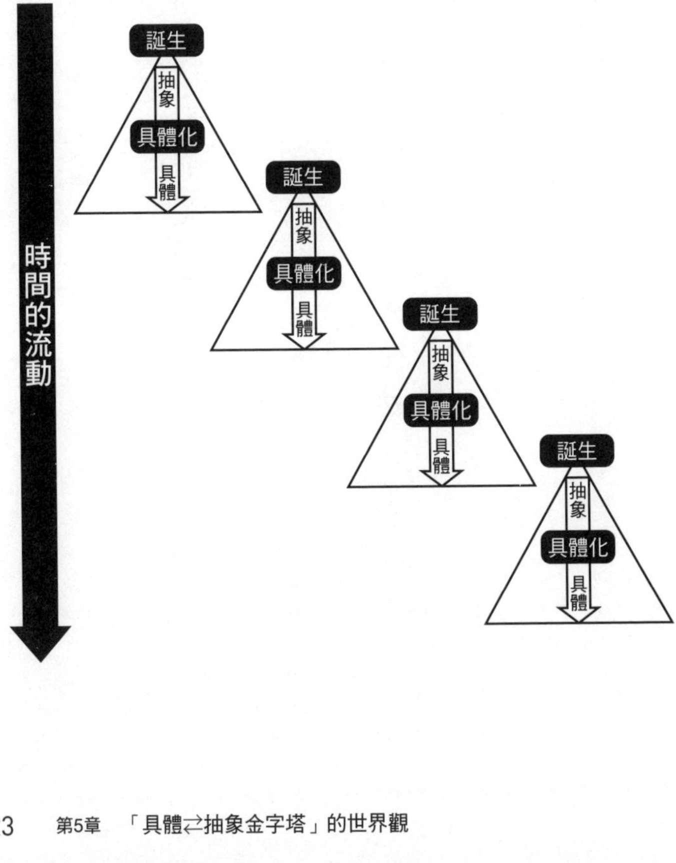

- 公司組織（創業↓擴大事業／創新↓營運）
- 國家（獨裁者建立國家↓民主化）
- 其他所有組織（創立↓擴大規模↓穩定營運）

……

可以說，這個流程幾乎適用於所有關乎解決問題的對象。

上游和下游有什麼不同？

上游↓下游的描述，其實就是把這種過程進行抽象化，並比喻成河流的流動。

比方說，之前解釋三角形的原因時所提到的。

- 水量從上游向下游逐漸增加（河道寬度增加）

除此之外，

- 「河床」的狀態從少數大而尖、形狀獨特的岩石，逐漸變成大量小而圓、形狀一致的砂粒。

這也與系統的變化非常相似。

如果將系統的變化看作是從上游到下游、從抽象到具體的轉換過程，不僅可以解釋各種現象，還能預測系統的變化。

舉例來說，隨著組織人數的增加和成熟，分工會漸漸詳細化（具體化表示要把工作細分），整體的運作會變得更民主、也更容易理解。在人力資源方面，像尖銳的大岩石般個性鮮明的員工，也會變成像小砂粒般同質性高的人力。

認識到這種普遍的變化過程，能幫助我們在日常生活中更好地應用具體與抽象的思維模式，從而發揮出巨大的效果。

● 一家公司的上游和下游

現在我們來思考一下，在各種系統中極具代表的人類團體，像是公司或組織，從上游到下游的變化。

請先思考看看以下的問題。

練習問題

當我們需要重新檢視與各部門相關的複雜資訊系統的整體概念時，應該選擇以下哪一種方法更為合適？

①成立一個由各部門代表組成的工作小組，聽取每一個人的意見。

②先由一個人來提出整體的構想。

讀到這裡，各位應該知道理論上②是比較理想的。然而，實際發生的情況通常都是①。

考慮到上游和下游的性質差異，整體設計這種高度抽象的工作最好由一個人來完成。參與人數越多，各種意見跟各自的需求會產出「自下而上的未來願景」，結果讓設計工作變得太複雜。

或許有人會反駁：「可是，現實中沒有一個人像超人一樣可以獨自完成工作，所以不得不採取①的方法。」不過，這裡有個「先有雞，還是先有蛋」的矛盾——由於一開始就沒有由一人先設計的想法，所以表面上沒有缺乏這類人才的問題，導致無法培養出有這種能力的人。

以建築領域來說，這種系統性的問題是顯而易見的。通常會由一位建築師以「個人名義」來完成整體的設計。由此可見，根源並不是缺乏這種人才，而更可能是因為一直以來都是如此。

在日本社會的許多領域中，通常都被「聽取眾人意見之後再想對策」這種下游思維所主導，這表示日本人不擅長更新系統的上游思考。

●不可逆的「抽象→具體」過程

如果進一步將「上游→下游」這種比喻概念化的話，就可以用圖35的方式來表達一個系統的變化。

這裡假設的是一個封閉的系統（與外界隔絕的單一集合），如果要套用到更複雜的、多個系統的變化與消長時，那麼如前面所述，有新系統誕生時，抽象度就會提升。我們也可以認為，人類社會的結構其實是這些變化相互交織而形成。

回到系統的進化，隨著抽象→具體的轉化，將會出現各式各樣的變化。這些變化與具體與抽象的性質有密切關係。

自由度大↓小

之前探討過的自由度應該不須贅述。談到自由度與系統變化的關係，如果代換成一個人的一生，我想就很容易理解了。

剛出生的嬰兒有「無限的可能性」，他可能會成為奧運選手，或獲得諾貝爾獎，甚至成為偉大的政治家或企業家。這個時間點，他的可能性（＝自由度）是無限大的。

隨著成長、接受教育、就業、成家等，具體的行動和成果漸漸出現，反而未來的可能性（＝自由度）無論好壞都在逐步縮小。

圖35　一個系統的變化

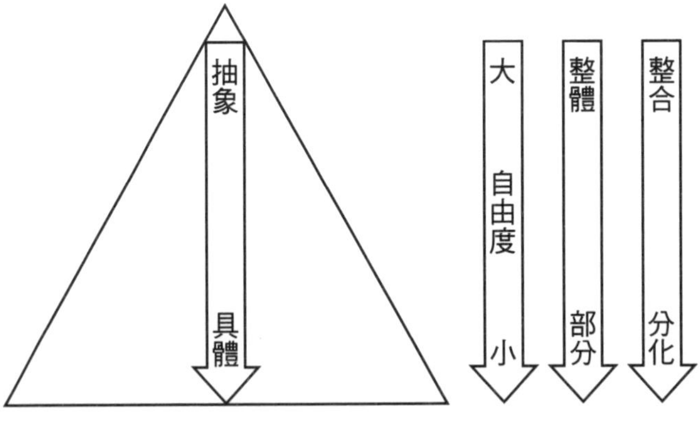

人生是一連串的選擇，就像沿著巨大的樹狀圖延伸，從樹根開始經過一個又一個的分岔，最後到達「某一片葉子」。

整合→分化

隨著抽象程度提高，橫向的連結就越寬廣，最終會變成（某一個系統的）「整體」。容易理解的例子是建築，建築師所構思的概念，是屬於抽象程度較高的整體設計，我想大家都明白，這種設計不從整體來看是沒有意義的。而到了施工的階段，則會被劃分為不同的專業領域，像是土木工程、機械工程、電機工程以及室內裝潢，然後依次展開各項具體工作。

讓我們透過具體的例子，來分析從抽象到具體的變化過程。

●發現問題、解決問題

我們的日常生活和工作充滿了廣義上的解決問題。

無論是就業、換工作、旅行、搬家，還是計劃各類活動，甚至日常的購物與吃飯，都可以被看作是一種解決問題。

這些廣義的問題解決，可以分為兩大部分，前半部分是發現問題：「問題到底在哪裡？」後半部分是（狹義的）解決問題：「如何解決這個問題？」我們可以大致說，問題的發現需要從具體事件中進行抽象思考，取出核心課題，而問題的解決則

圖36　發現問題、解決問題

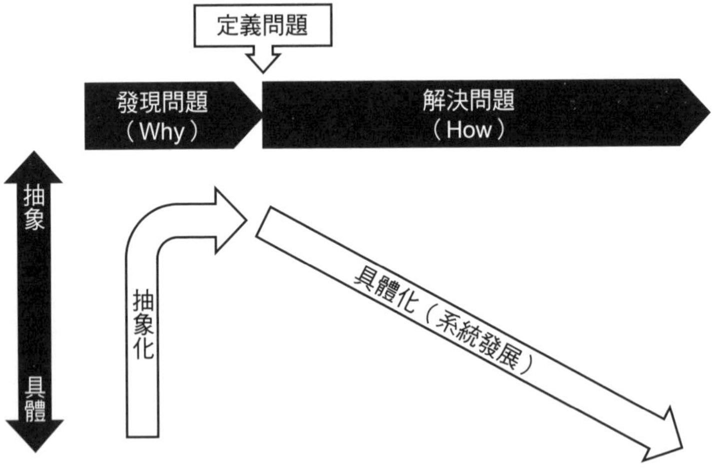

是將這個課題具體化為解決方案。

因此，發現問題和解決問題的方向有一百八十度的差異：前者是向上的抽象化，後者是向下的具體化（見圖36）。

比方說，在開發新一代的產品或建立新的組織時，需要的是Why這種較抽象的疑問詞：「為什麼這是必要的？」不過，當一個問題已經被定義好，那麼要轉化為產品或服務，就要提出How來完成具體化。

除此之外，在「重視抽象化（或抽象概念的操作）的上游」和「重視具體化的下游」之間，視角和價值觀可能會完全相反。儘管如此，兩者常常都是在同一個層面上討論，所以常常導致「誰對誰錯」這種毫無意義的爭辯。

與其爭論「誰對誰錯」，不如先判斷當下的討論是屬於上游還是下游，這樣一來，通常就能自動得出何種討論最合乎現況。這種衝突仍一再上演，正是因為缺乏了具體與抽象的觀點。

●上下游的不同價值觀

我們目前討論了各種上游到下游的流程，從抽象（上游）和具體（下游）的不同觀點來看，他們各自也有個不同的價值觀。

這些價值觀和聚焦的內容架構，請參考圖37。

像這樣，以具體⇅抽象金字塔來說，上半部的上游也就是抽象度較高的一側，下半部的下游也就是具體性較高（＝抽象度低）的一側，兩者涉及的事物性質不同，聚焦的價值觀也大不相同。

接下來，我會列舉幾個例子來

圖37　上下游的不同價值觀

上游（抽象度高）	⟺	下游（抽象度低）
整體	⟺	部分
無界線	⟺	有界線
人數少	⟺	人數多
原則	⟺	例外
樂觀的	⟺	悲觀的
主動的	⟺	被動的

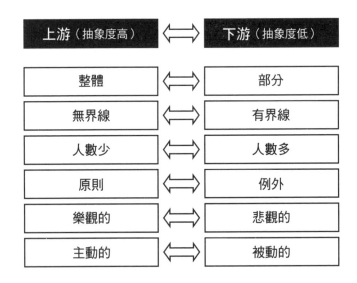

比較上游和下游。

上游為全局、下游為部分

抽象程度高的最上游，必須要看見整體的全貌。「看見連結」是抽象的關鍵，必然會將整個系統視為一個連結的整體。另一方面，下游的具體化過程遵循「具體就是分割」的原則進一步分化，將零散的部分視為個體。

上游為品質、下游為數量

從具體⇅抽象金字塔的形狀可以清楚看出，抽象的頂點追求的是徹底思考、追求簡單的極致，而金字塔底部的具體則聚焦在資訊或知識的數量。正如河流的流動，從上游到下游的水量會逐漸增加。

上游為個人、下游為集體

在抽象的最頂層世界裡，必須具備「獨立思考整體」的能力。反之，在專業分工已經成熟的下游階段，具體的細節工作可以透過集體的分工來完成，這樣不但品質最高，效率也更好。

上游為混亂、下游為秩序

在創造最上層的抽象概念時，需要的是整理混亂和劃出界線的能力。而在已經劃清界線且規則完善的下游世界中，遵守既定界線和規則的想法就很重要。

上游是主動、下游是被動

在抽象的上游，必須具備「在白紙上描繪全貌」的主動性。另一方面，在問題已被定義、流程也被規範的下游，則需要踏實地執行任務的角色，而不是去探討「根本問題」。

上游為獨特、下游為平凡

回到河流的比喻，上游的急流中有許多尖銳且「獨特的岩石」，而在下游則是較多平凡且細小的砂粒。下游的所有事物都要求一致性，這樣更容易管理群體事務。

●工作上的上游和下游

從上游到下游的這種思維模式，也可以應用在工作中的各種情境。

例如，在準備報告或提案等文件時，流程會類似於圖38，從較高的抽象層面逐漸具體化。

首先，要確定報告的主要目的，也就是想傳遞給接收者的「關鍵訊息」，然後再決定整體的框架，也就是結構和目錄。接下來會進入實際的內容創作，最後檢查錯字和漏字，這就是一套大致的流程。

抽象意識較高的人通常都會用這種模式來工作，但對於偏好具體操作的人來

圖38　準備文件時的上游和下游

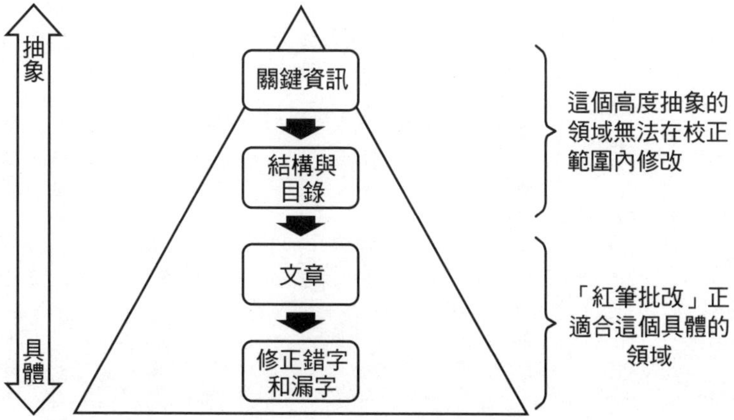

說，他們可能會跳過前面兩步，直接開始撰寫內容。這樣做的缺點是，隨著工作的進展，整體方向的一致性可能會漸漸消失。反過來說，這也顯示出抽象思考在工作上帶來的優勢。

假如主管與員工在編寫內容的過程中有交流，通常是員工寫草稿、主管寫評論，常見的做法是用紅筆批改（或在電子檔中加上評注）——這種方法通常會在文件具體化到一定程度後才使用，如圖38所示。

然而，對於抽象程度較高的工作來說，這種方法並不適用。在這種初期階段或上游工作中，更有效的是檢視全局、然後重新設計的方法，例如邊看白板邊討論。

工具和應用程式的具體與抽象

用來製作文件和產出成果的工具和應用程式，其實也應該依據其主題的抽象程度來做分類。

例如，使用辦公室軟體時，就可以根據抽象程度的不同，來選擇不同的工具，如圖39所示。

不過，這樣的分類只是根據抽象程度來粗略劃分，實際情況可能沒有這麼簡單，各項工具可能會有重疊，選擇工具時也可能是看抽象程度以外的因素。所以，這裡只是基於抽象程度的大致對應圖。（這個討論本身就是高度抽象的，慣於具體思考的人可能會想找出「例外」或「不適用」的狀況，但記得我們先前討論的：不妨試著「瞇起眼睛」觀察，只看主要部分。）

自由度最高的方式，是在空白紙上自由書寫。當然，現在也可以在平板電腦上自由手寫筆記，但手寫的自由度還是略勝一籌。因此，最適合高度抽象的討論的方式，仍是手寫在空白紙（或白板）上。

雖然我把白板寫在括號裡，但白板比白紙更好擦除，所以可能更適合用來做高度抽象的簡單圖解。

圖39　根據抽象程度選擇工具

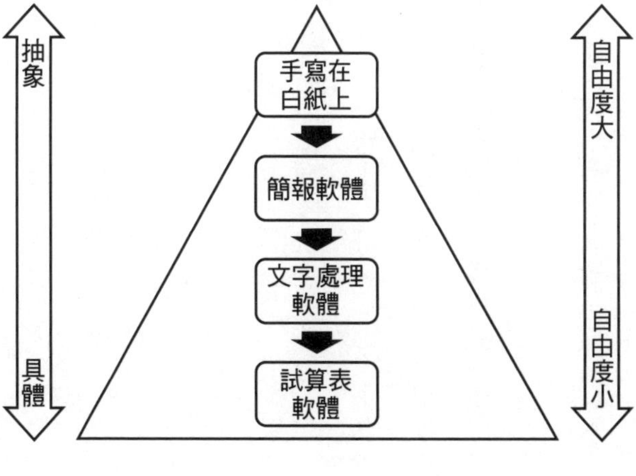

就常用的辦公室軟體而言，按自由度高低排序，依次為：簡報軟體（雖然有模板，但沒有行數或字體大小的限制）→文書處理軟體（行距固定，只有在文字排列上有少許自由度）→試算表軟體（受限於表格，限制最多）。

或許從一個人平時使用的軟體，就可以大致猜測他平時工作內容的抽象程度。

■消除溝通落差

接下來，我將解釋因為缺乏具體與抽象的視角，而產生溝通落差的背後機制。

本書假設，溝通落差的根源在於人們「沒有意識到自己在選擇性截取資訊」。抽象化的其中一個定義就是「截取」，所以溝通落差的根源正好就是抽象化本身。這個現象是種強烈的諷刺：抽象化是人類最大的武器，卻成為了人類煩惱的根源。我將從各種角度來解釋。

理解具體與抽象的視角後，你將發現，日常生活中許多的溝通落差其實都是可以解決的。

●溝通落差的背後原理

溝通落差的根本原因可以歸納為：由於每個人的經驗、知識和思考方式都不同，導致我們「沒有意識到彼此看見的是不同事物」（圖40）。

更進一步來看，「個人所見的不同事物」在本書中又分為橫向要素和縱向要素（圖41）。

首先，比較容易理解的是橫向的，也就是因為知識和經驗的差距，導致我們看見的不同。像是性別、年齡、職業和出生地等差異，會改變每個人「生活的世界」，所以在下判斷時的依據也會有所不

圖40　兩個溝通落差因素

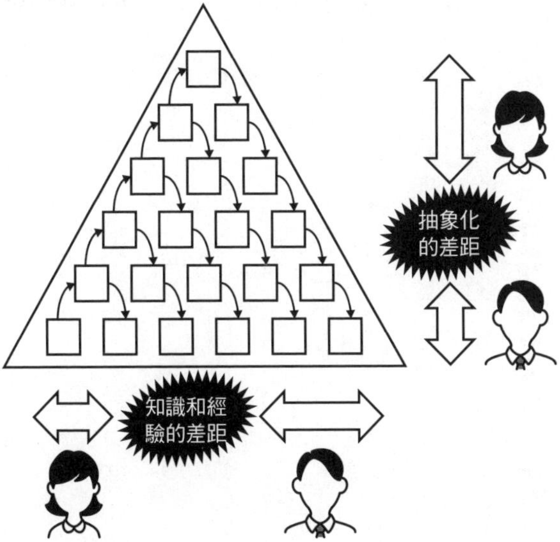

圖41　本書涵蓋的溝通落差因素

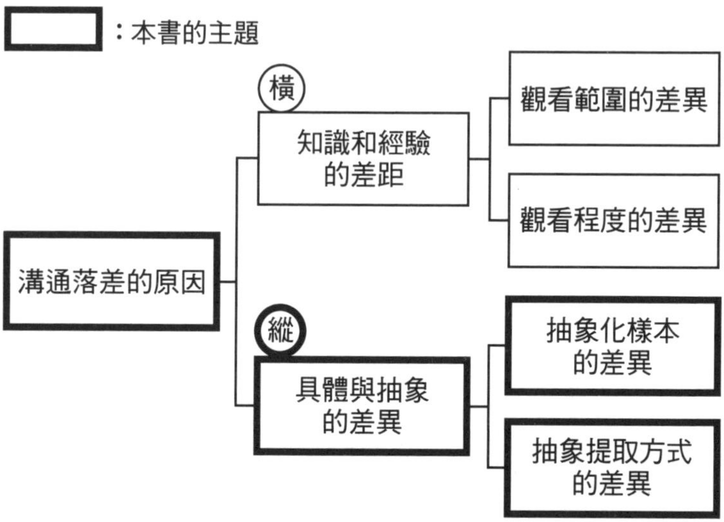

同。就連在講「大家都是○○的吧」這種話時，其實說話者都必須根據自身的經歷（包括從書本中獲得的間接體驗）來做判斷。

此外，儘管每個人看到的世界其實只是「一小部分」，但我們還是容易因為認知偏誤，而誤以為看到的就是全部，從而堅信自己是對的，這就導致了不同觀點的對立。

這種橫向差異比較好理解，比較難懂的是縱向要素的差異。這正是「具體與抽象」的差異。和橫向世界相比，縱向世界比較難看見，要查覺到其中的差異也更加困難。

接下來，我將逐一解釋個別的案

例，正如前述，具體世界和抽象世界的基本價值觀往往完全相反（例如：具體重視的是相異處、抽象重視的是共同點），這些相反的價值觀會造成許多溝通障礙。

讓我們來看看縱向世界的差異而造成溝通落差的一些案例，以及其中的機制。

●為什麼有些人會認同方向，卻反對做法？

透過具體與抽象來思考溝通落差，我們先討論「認同方向，反對做法」這種常見立場的機制。

舉例來說，幾乎沒人會反對「停止浪費納稅人的錢」這個政策方向，但當削減的預算跟自己有關的時候（老年人相關的醫療保健、年輕人與其父母相關的教育、當地居民相關的地方振興等），有人就會馬上跳腳說：「政策有問題。」

我在第3章提到，抽象化往往是在「選擇性截取對自己有利的部分」，上述的情況就是典型案例。

關於「公平」的討論中，也經常可以看到類似的情況。

幾乎不會有人反對像是「公平的教育機會」或「建立公平的評價系統」這類方針，

但在討論時，每個人都會從對自己有利的角度做出不同解釋。而且情況多半是，人們會認為這些制度改革是為了補足自己的弱勢，所以大力支持。然而，一旦具體措施開始落實，他們發現受益的不是自己時，就會立刻轉變為強烈反對，主張一切不公平。

像這樣，政治家或經營者在計劃推行明知會被反對的具體措施時，會巧妙地利用這種機制。

在企業經營中，這種「認同方向，反對做法」的情況在併購的過程中尤為常見。像是沒人會反對「結合雙方優勢，互補弱點，創造協同效應」這種大方向，但在具體執行的過程中，面臨「兩家公司的相同部分整合之後，給誰當部長？」這種個別的問題（簡單來說，其

圖42　「認同方向，反對做法」的機制

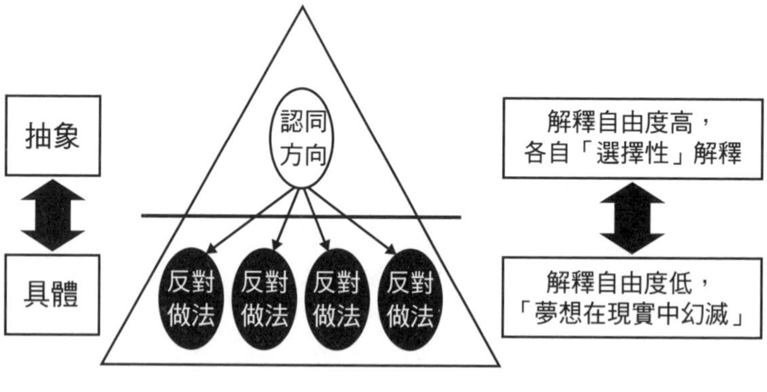

中一人會失去工作）時，便會引起強烈的反彈。

●總部跟現場在吵什麼？

練習問題

「現場的人對每一件小事都反應過度。」

「總公司根本就不了解現場的情況，只會講空話。」

總公司與現場之間的這種溝通落差，可說是永遠的課題。請從「具體與抽象」的角度來思考這個問題。

這裡同樣用具體⇅抽象金字塔，來對照總公司與現場的關係。

總公司與現場的對立關係有很多種，但其中最主要的還是「具體與抽象的差異」。

這裡的重點是，當抽象程度提高時，一切事物看起來都一樣，但具體的部分則是各不相同。

「現場」這個詞本身就是抽象化的概念，實際上並沒有某一個統一的「現場」，只

圖43　總公司與現場的溝通落差

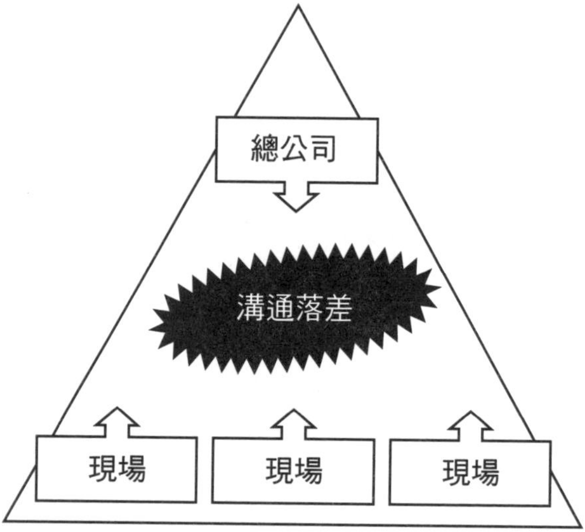

有個別的實際地點，如「〇〇縣〇〇市〇〇路」或「□□縣□□市□□路」等等。所以「現場代表」與總公司的人溝通，這本身就帶有矛盾，因為本來就沒有東西可以完全代表現場。

例如，在支持某個特定地區時，如果有一位「現場代表」出席發言，對於不了解現場的人來說，這位代表說的話可能會被當作現場的權威發言，彷彿這個人的說法代表了現場的所有意見。

但實際上，那只是現場眾多意見中的其中之一。我們應該清楚體認這一點。「聽取現場意見」與親自走訪現場並聽取（好幾個人的）意見，是完全不同的難度。

同樣的現象也發生在外行人和專家之間。

「不懂的」是外行人，「懂的」是專家，但不同領域的「懂」或「了解」也可能有天壤之別。

不過，對於外行人來說，「專家」看起來都是同一種人，所以容易停止思考，盲目地相信那些人的觀點。結果不出所料，往往隔一陣子就會出現「另一位專家」，完全推翻前一位專家的看法。畢竟，所謂「專家意見」不過是眾多見解之一罷了。

●本質這個詞的本質

練習問題

「本質」這個詞指的是什麼？

請從具體與抽象的觀點來思考。

舉例來說，我們會在下列的情況聽到「本質」這個詞：
「那只是表面的現象，不是事情的本質。」
「創新的本質在於〇〇。」

從這些例子可以看出，「本質」通常表示：

- 難以看見
- 簡單
- 重要的事物

從這些特徵可以看出，本質其實是抽象化的產物。

喜歡使用這個詞的人，多半對於抽象層面的思考有一定的能力。如前面提到的，看得到抽象世界的人，常常對於只能看到具體事物的人沒耐性，所以不時會對具體思考的人用這個詞。

抽象到具體的關係就像雙面鏡，所以被要求「看清本質」，其實也沒辦法讓人自動就看到本質，不過，說這句話的人依舊樂此不疲，這反映出「看得見的人對看不見的人不耐煩」的心理狀態。

圖44　「本質的陷阱」

既然「本質」是抽象化的產物，那麼它自然也包含了抽象化的優點和缺點。

這個詞時常用在正面的語境下，這部分不需要多做解釋，我們反倒是可以從抽象化的特性來深入它的負面影響。

抽象化的特徵之一，就是從中挑選出對自身有利的說法，而「本質」就經常被這樣使用。

一個人如果回應另一個人「這不是事情的本質」，表面上似乎是表達一種「這不是關鍵」的客觀立場。但實際上，這只是因為對方的觀點不符合自己的利益，所以才描述成像是對方背離了某種真理（大多數情況下，說這句話的人自己也沒有意識到）。

換句話說，「本質」這個詞的本質，其實就是「挑選對自己有利的性質」（你是否發現了這句也落入「本質的陷阱」當中？）。

同樣道理，一個人說「某人是笨蛋」時，也有類似機制。「笨蛋」是只對自己有利的典型代表詞，往往用來形容「不懂說話者自認為理所當然之事的人」。在這種定義下，自己永遠不會被歸類為笨蛋，但問題在於每個人對笨蛋的定義都不同。

所以，當一個人說「某人是笨蛋」時，其實是表達「在我擅自決定（且自己擅長）的領域裡，他比我差多了」。但不管擅自定義的領域有多小，或者對方擅長的領域有多大，這些都無關緊要。

動不動就說「某人是笨蛋」的人，其實無形中暴露自己的視野有多麼狹隘。小學生之間流傳過一句話，「罵人罵自己」，常常被小孩子用來回應對方的攻擊。年紀小雖小，這句話其實非常切中「本質」，大人也應該當作諺語來用。

●誰是專家？誰是外行？

讓我用具體⇅抽象金字塔來解釋知識的細分化，以及專家的思維模式。

專家具備了更具體、細緻的資訊和知識，所以他們通常不喜歡外行人的「粗淺討論」或「過度概括」。

不太了解外國狀況的人，可能會開啟「日本是……」或者「比起來，國外是……」這種討論，但對於體驗過不同國家的人來說，「國外是……」就太過籠統了。而如果是熟悉亞洲各國情況的人，又會覺得「亞洲是……」、「美國是……」或「歐洲是……」的說法太籠統。如果是很熟悉特定國家的人，聽見「中國是……」、「韓國是……」或「印尼是……」的討論，甚至會問「你說的是南部還是北部，差別很大耶……」。這還可以根據知識的深淺，分得越來越細。由此可見，如果雙方在抽象與具體上沒聚焦在相同層次，那討論就完全沒交集。

二〇二〇年初，新冠病毒在全球迅速蔓延時，有一些歐洲人將日本人、韓國人和越南人等國家的國民混為一談，一概視為「亞洲人」，這是個很好的例子。對生長在亞洲的人來說，這種說法實在荒謬，但同樣地，很多日本人也沒發覺自己有時會把「數十個歐洲國家的人」一概視為「歐洲人」，同樣犯下抽象化的謬誤。

不了解外界狀況的人做出這種抽象化描述時，其實對於熟悉當地狀況的人來說，可能是一種冒犯。「歐洲人可真是武斷，老是以為日本人、韓國人和越南人都一樣……」這其中也帶有強烈的矛盾，讀者是否也看出來了？

類似情況在日本也不時上演，如圖45所示。我們對不熟悉的地區總是喜歡概括而論，但對於熟悉的地區則會分得很細。這種傾向不只體現在地區話題，在知識領域中也一樣。

例如，以東京為首的東日本地區的人常說「西日本是……」，但西日本地區的人會認為「關西跟九州又不一樣……」，然後這種細分就會無限延續下去。

圖45　概括而論自己不熟悉的地區

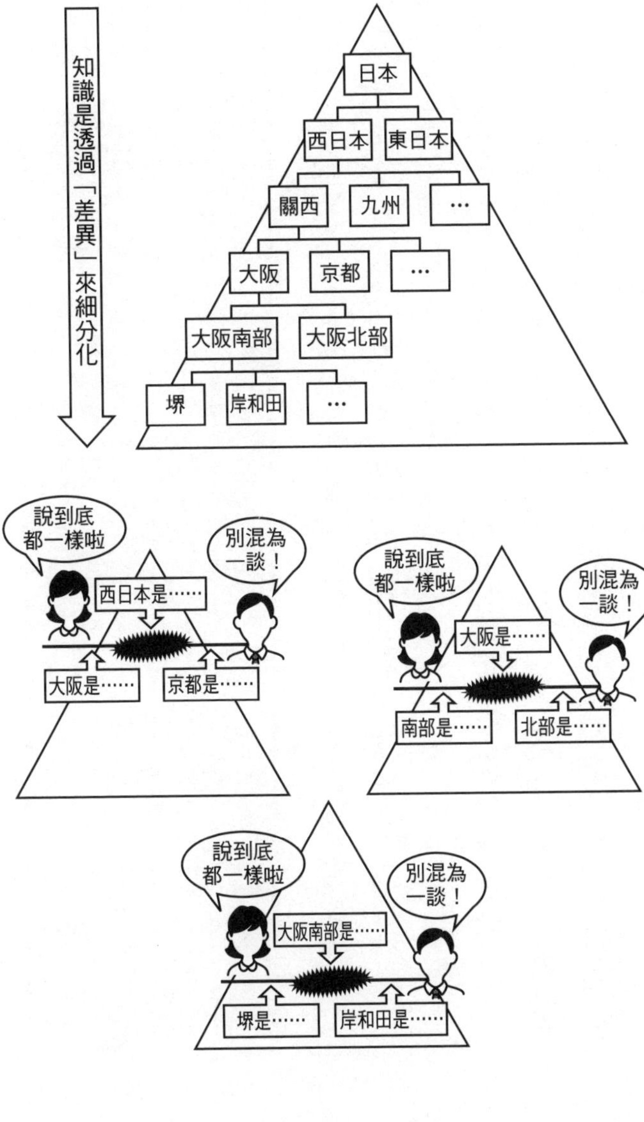

●用金字塔看網路口水戰

練習問題

請從「具體與抽象」的角度，來思考以下社交網路平台上常見對話的根本問題。

A：「應該承認加害者的人權。」

B：「如果受害者是你的家人，你還能說出這種話？」

每當發生重大刑事案件，你可能就會在網路或社交網路平台上看到這種對話。只要發生類似案件，這種對話就會反覆出現，無意義的爭論似乎永遠不會結束。那麼，這段對話中隱藏的「根本問題」是什麼？

如果應用本書「具體與抽象」的概念，我們很容易就可以看出為何無法繼續對話。

首先，「應該承認加害者的人權」這句話無論好壞，屬於一種概括的討論，是抽象層次較高的主題。而「如果受害者是你的家人，你還能說出這種話？」顯然是針對個別而具體的主題。

換句話說，這段對話就好比「一樓和二樓」在打空中戰，彼此都看不見對方。

人們會根據自己的立場和處境，在無意識之中變換具體與抽象的討論層次，不過，正是這種「沒有意識到對方立場不同」的情況，成為了溝通落差層出不窮的原因之一。

斷言和指出

傾向於抽象討論的人，常常會用看似「極端的論斷」來表達自己的核心想法。但具體思考的人則無法忍受那些被省略的細節，他們會反駁：「還有這些跟那些細節。」但其實，抽象思考的人是明知有那些細節，卻仍然選擇忽略。

圖46　斷言和指出

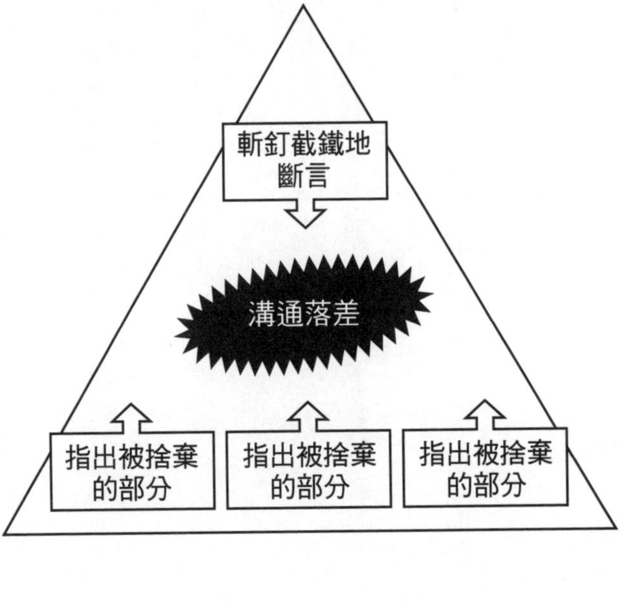

抽象的本質是「選擇性地截取」，只保留核心部分，所以要忽略哪些細節取決於不同的前提條件。也因此，重視那些「被選擇性忽略的細節」的人，總是會提出反對意見。

要減少這種溝通上的不一致，關鍵在於明確抽象化過程背後的訊息，以及隱含的前提條件。

抽象派的人經常使用一些很武斷的表達方式，像是「一點也不〇〇」或「沒有一個人是這樣的」。嚴格來說（借用具體派的表達方式）應該是「幾乎沒有」，抽象派的人其實心裡很清楚，但為了明確表達出訊息，不惜使用這種方式。

抽象世界在某種意義上（從不完全真實這一點來看）是虛構和捏造的，而具體派的人則喜歡真實表達出一切的屬性。

雖然很多人看得懂小說、漫畫或電影的虛構世界，但他們在現實世界中卻不一定能接受現實與虛構的模糊地帶，從而導致了溝通上的落差。

理想和現實

就算面臨相同情況，重視現實的具體派卻不能接受那種少了現實感的、概念性的理

圖47　理想與現實

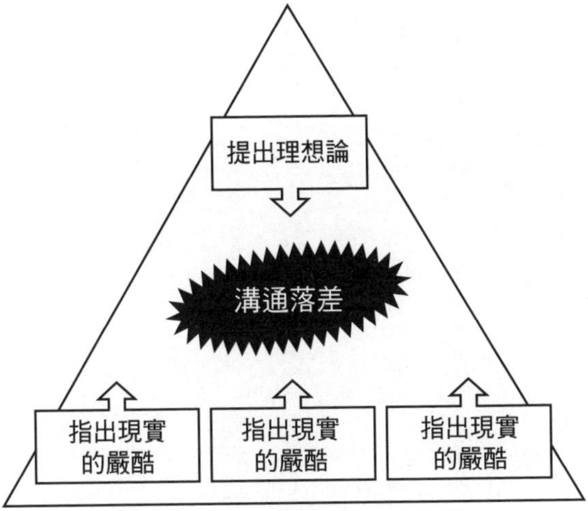

圖48　普遍論和個別案例

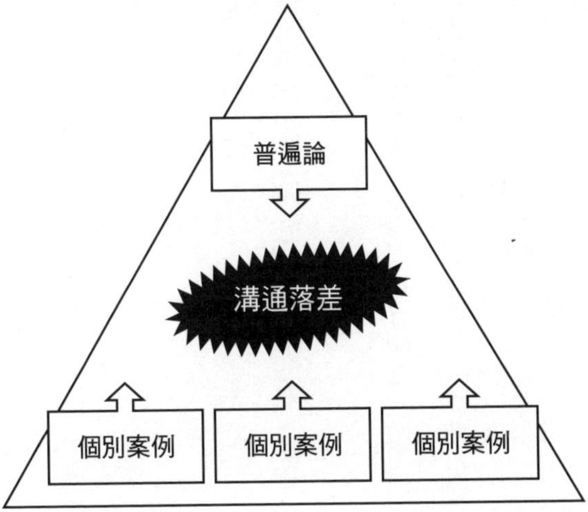

想論。他們會不斷強調「現實沒有那麼簡單」，這是因為他們目光聚焦在具體的現實情況（圖47）。

然而，提出理想論的人也不認為這些目標可以馬上實現。因為上游的思考模式基本上是在描繪事物發展的長期願景。

普遍論與個別案例

類似的對立在「原則與例外」的討論上也會出現（圖48）。

抽象派提出原則性的普遍論（核心），而具體派則舉出個別的例外（細節）做反駁，這種對立也是一例。

回顧以上提到的幾個對立結構，我們可以在「具體⇅抽象金字塔」找到共通點，那就是：每一個抽象原則通常對應著許多具體案例。這種結構顯示出具體派的反駁通常有更多的種類與數量。

●貼人標籤的危險

> **練習問題**
>
> 有一種說法叫做「給他人貼標籤」。這是什麼意思呢？請從「具體與抽象」的角度來思考。

從具體與抽象的觀點來探討溝通落差的根本原因，便會發現：我們習慣將他人普遍化（Generalization）、並用抽象層次看待他人，卻會把自己看得很特別、並用具體層次看待自己。

如前所述，我們對於他人和自己的看法是處於不同層次的，如圖49所示。

圖49　「關於自己」與「關於他人」的差別

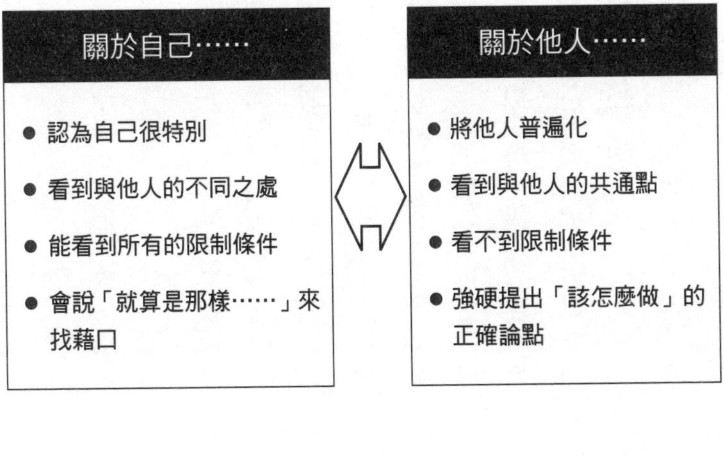

關於自己……	關於他人……
● 認為自己很特別	● 將他人普遍化
● 看到與他人的不同之處	● 看到與他人的共通點
● 能看到所有的限制條件	● 看不到限制條件
● 會說「就算是那樣……」來找藉口	● 強硬提出「該怎麼做」的正確論點

圖50　貼標籤的機制

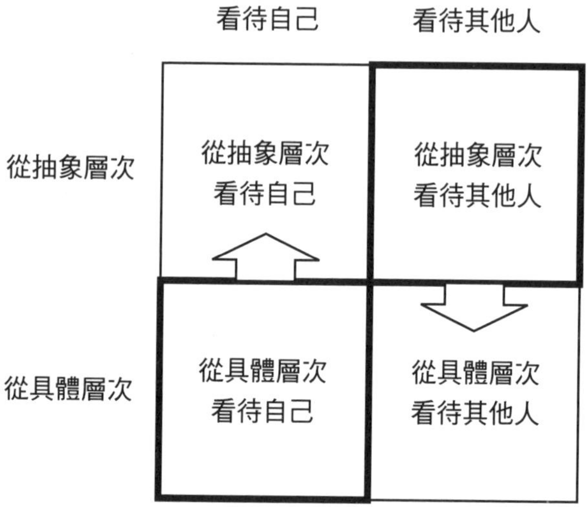

現在讓我們來思考「貼標籤」這個行為。將某人簡化為「守舊派」或「改革派」這種標籤，正是一種抽象化的產物。

大多數情況下，給人貼標籤的行為都有負面的涵義，這與之前提到抽象化的思考習慣有很大關係。我們很容易給他人貼標籤，因為我們不太會仔細觀察他人的具體細節，就直接進行抽象化；可是當自己被別人貼標籤時，我們卻會因為很清楚自己的具體細節，於是會對那些標籤感到不滿。

這表現出的溝通落差，本質上源自於雙方對具體與抽象之間的認知差距，而且連當事人都沒意識到這一點。

用象限圖來表示，如圖50所示，縱軸表示是從「抽象或具體層次來看待其他人」，橫軸表示觀察對象是「自己或其他人」。實際上，我們大多處在這兩個象限，右上（從抽象層次看待其他人）和左下（從具體層次看待自己），這兩者就會帶來很大的認知偏誤。

因此，要消除這種偏誤，最好是朝圖中的左上和右下的象限努力。

也就是說，我們應該盡量具體地考量他人的詳細狀況，而對自己則應該放下特殊角度，用更宏觀的角度來看待。這樣在與他人溝通時會更加順暢。

對於那些卡在瓶頸或是失敗的別人，我們常常會發表一些理想性的言論。有些人很在意他人看法或在網路上被批評，我們聽聞總是能輕易說出「別在意別人講什麼」這種泛泛之言，但當事人或許幾百年前就已經心知肚明。

知道該怎麼做，但卻很難做到——這就像是減肥。跟多次嘗試減肥卻失敗的人說「少吃多運動就好了」，這種行為根本毫無意義，然而，我們還是很容易會對別人提出這種普遍論跟理想論。

另一方面，當這種話轉移到自己的身上，我們卻會不自覺地辯解道「我的情況很特殊，不適用那些論點」。所以，我們雖然可以很輕易將人貼標籤，但當自己被貼標籤時卻會極度反感，甚至會說出「那傢伙真是愛貼人標籤的人」這種自相矛盾的話，卻沒意識到其中的滑稽。

了解得越多，我們就越會「關注具體的例外和特殊性」，這是具體與抽象的原則，在我們看待自己與他人的方式上表現得尤為明顯。

因此，為了擺脫這種自我與他人的偏見，我們應該反其道而行，「將自己普遍化，並觀察其他人個別且具體的詳細情況」。像這樣的扭轉偏誤，或許正是我們需要時時刻刻意識到的。

當我們試圖了解他人的具體情況時，就會發現，要對他人指指點點其實並不容易。

●誰抄誰的？抄襲的具體抽象思考

奧運的標誌設計有過抄襲的爭議。我們暫且不論指控是否屬實，但在這場爭論中，似乎少了具體與抽象的視角。所謂的「相似」或「不相似」，取決於你是站在具體或抽象的角度。正如第2章所述，具體世界會看見「所有事物都不同」，而抽象世界會看見「所有事物都相同」。因此，相似程度的判斷會取決於抽象程度的高低，但兩者的區別常常被混淆在一起討論。請參考圖51。

在設計上，越是抽象化和簡單化，變化的可能性就越少，最後會導致所有事物看起來都一樣。

就以國旗的設計為例好了，國旗基本上是以長方形為基礎，在這個限制條件下，如果要設計出簡單並展現出獨特性的國旗，最終可能就會是「橫三色」或「縱

圖51　具體是「通通不同」、抽象是「通通相同」

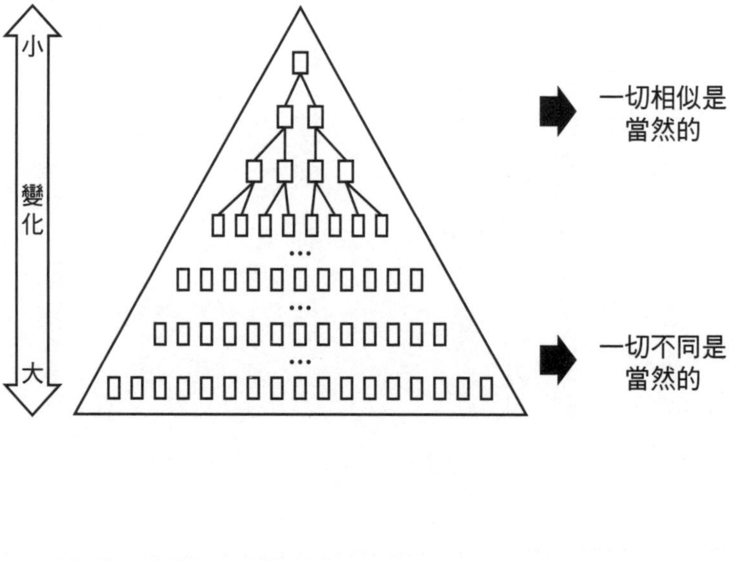

三色」這類變化性比較低的結果。而實際上，歐洲有許多國家都是採用「相同的設計」。同樣地，如果只看作是「顏色的組合」，那麼德國與比利時，或是日本與奧地利、喬治亞、波蘭、摩納哥的國旗看起來其實都一樣。

這種情況也常常發生在設計領域。當設計簡化為簡單的幾何圖形組合，那麼變化的空間就會大大減少，相似的可能性就越大。

在繪畫和音樂中，抄襲問題也經常出現。音樂不過是「Do、Re、Mi、Fa、So、La、Si」的數倍的組合，繪畫也只是顏色的組合——如果拉高抽象度來看，「相似」的作品就會變得越來越多。

在商業世界中，如果把商業模式極度簡化，我們會發現「向供應商採購、並銷售給顧客」這一層面上，每一家公司做的事幾乎都一樣，但沒有人會認為這個層面的相似就是抄襲。近年來備受討論的「商業模式」，其實也可以看作是一種高抽象度的戰略選擇。例如，像「訂閱模式」這種商業模式是無法申請專利的，而且沒人會認為這是抄襲。

在數位時代，思考這些高抽象度的戰略選擇比以前更重要。因為數位化提高了商業差異點的抽象度（例如，資料傳輸的抽象度）。

■職場溝通問題的背後原理

到目前為止，我們探討了具體與抽象的差異如何導致溝通落差。接下來，我們將基於這些觀察，來思考職場上的上司與下屬，或是客戶與供應商之間「委託與受託」關係中的溝通問題。

我們在工作委託與受託的過程中，也會因為具體與抽象的差異而產生溝通落差。我們在這裡將透過具體⇅抽象金字塔，來解釋這種落差是經由什麼機制產生的？將會帶來哪些問題？又如何解決？此外，我們也會藉由練習題來進一步思考。

●委託人與受託人的具體與抽象

首先，我們來看看一些工作上常見的委託或受託的情境，並看見其中的具體與抽象層次。

有些人喜歡抽象的指示，有些人則偏好具體的指示。雖然大多數人可能更喜歡具體指示，但第1章「收拾整理」的案例已經告訴我們，具體指示並不總是最好的選擇。

首先，我們可以透過思考以下的練習問題，進一步釐清工作委託中的具體與抽象的差異，以及它們各自的優缺點。

如前所述，工作本質上是發現與解決問題的一個連續過程。上司和下屬的互動，通常是由上司定義問題，下屬負責解決，所以一個明確定義的問題體系會從抽象推展到具體。因此，要特別注意的是，問題解決的「下游」視角會在此占據主導地位。

我們想想看以下的具體場景：公司組織內，上司要求下屬籌辦公司內部活動。

練習問題

要求籌辦公司內部活動時，

①具體要求和抽象要求分別是什麼意思？請舉例說明。

②從上司和下屬兩方的立場，分析具體要求的優缺點。

③從上司和下屬兩方的立場，分析抽象要求的優缺點。

參考答案如圖52所示。

這些優點和缺點，或許讀者在實際狀況多少會有些體會，但交派工作時，通常都混合著不同層次的具體與抽象的要求。

在這裡，我們區分具體要求與抽象要求時，最重要的因素就是「自由度的不同」。也就是說，抽象的要求不論好壞都具有較高的自由度，

圖52　「具體的委託」與「抽象的委託」之間的比較參考答案

「具體的委託」	「抽象的委託」
例如…… ●「下週三晚上七點在〇〇居酒屋，邀請誰和誰，選擇三千日元的套餐和飲料暢飲……」	例如…… ●「做些好玩的活動吧」
優點 （對於委託方來說） ●不會低於預期 （對於受託方來說） ●即使沒有知識或經驗也能完成	優點 （對於委託方來說） ●有可能超出預期 ●不需花費心力準備指示 （對於受託方來說） ●有趣
缺點 （對於委託方來說） ●不會超乎預期 ●準備指示很麻煩 （對於受託方來說） ●無趣	缺點 （對於委託方來說） ●可能會低於預期 （對於受託方來說） ●沒有相關知識或經驗會比較辛苦

圖53　給出具體的指示就不會有「期待落空」或「超乎期待」

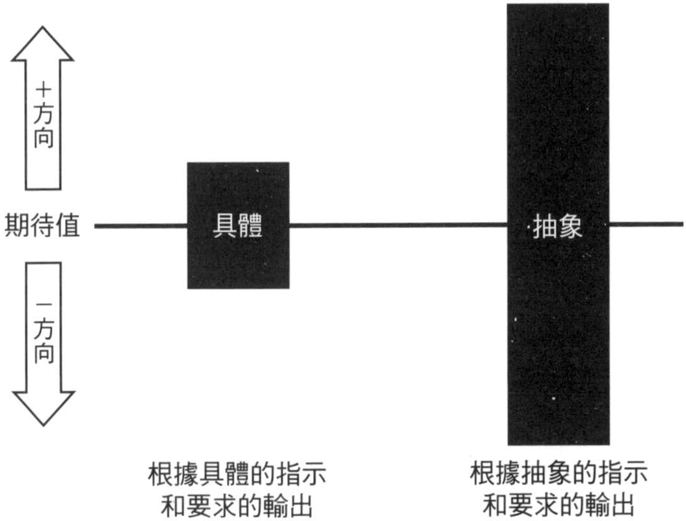

而具體的要求則限制了自由度。

具體指示因為自由度較低，因此輸出的結果無論是好是壞，波動幅度都比較小（見圖53）。所以不會有太多驚喜或意外。

另一方面，抽象度高的指示因為給了比較高的自由度，所以可能會有帶來好的驚喜，或者是不好的驚嚇。

此外，我做了兩個觀點的對照，包括委託方（上司或客戶）偏好給出具體或抽象的指示，以及受託方（下屬或供應商）希望收到具體或抽象的指示。如圖54所示，可以看出有四種情況。

圖中的縱軸代表委託方的指示是抽象或具體的，橫軸代表受託方的期望是具體或抽象的。這些組合產生的模式有二乘二種，可大致分為以下四種（實際狀況當然不只四種，這裡是透過抽象思考來簡單表現出架構）。

- 模式1：委託方的指示很具體，受託方的期望也很具體。
- 模式2：委託方的指示很抽象，但受託方的期望很具體。
- 模式3：委託方的指示很具

圖54　上司指示與下屬期望的四種模式

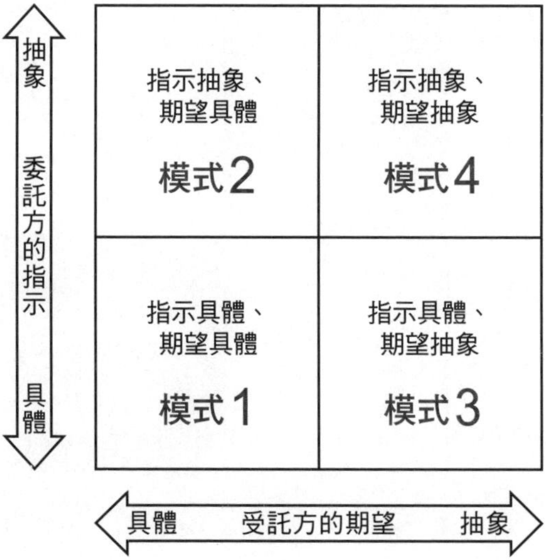

體，但受託方的期望很抽象。

- 模式4：委託方的指示很抽象，受託方的期望也很抽象。

在這幾個不同的模式中，委託人和受託人（如上司和下屬）的關係，可以用圖55來簡單表達。

在圖的左下和右上的白色區域（模式1和4）中，實際指示和期望指示的抽象程度一致，所以不會產生溝通落差。然而，在左上和右下的灰色區域，委託方和受託方有溝通落差，可能會產生某些溝通問

圖55　四種模式的主管和下屬之間的關係

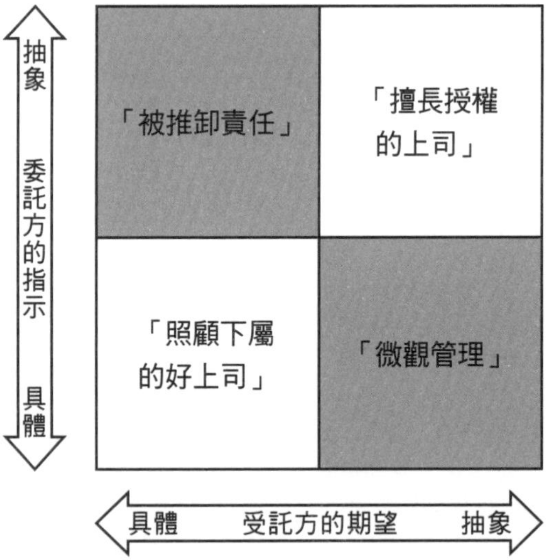

題。

首先是左下的模式1。如果下屬期待的是具體指示，上司也給予了具體指示，那下屬會認為這是「照顧下屬的好上司」。包括新進員工或對該領域不熟悉的受託人，都常常會有這種感覺。

再來是右上的模式4。下屬期待收到抽象的指示，上司也給予了抽象的指示，例如「你可以照自己意思做」，這會讓下屬高興，因為有自由發揮的空間。這樣的上司通常被叫做「擅長授權的上司」。

接下來，我們看另外兩種會產生溝通落差的模式。

首先是左上的模式2。下屬期望具體的指示，上司卻給了很抽象的，像是「你看著辦」或「你自由發揮」。這種情況下，下屬會覺得「被推卸責任」。

另一種是模式3。下屬期待可以自由發揮的抽象指示，上司卻給了極度具體的指示，比方說，指導每一個細節，甚至對一些微不足道的小事也要干涉，在這種情況下，下屬會不滿，認為上司應該「給予更多自由」。這種情況通常也稱作「微觀管理」。

現在，請讀者試著回想自己與某個職場上的人（委託或受託皆可）的關係。他可以是你現在的上司或下屬、以前的客戶或供應商、前輩或後輩等。重新檢視你們對話的具體與抽象，你可能會發現，工作或交流合得來或合不來的原因，都可以用這一種架構來解釋。

我們可以用這樣的反思為基礎，應用到未來的新關係。例如，可以和對方分享這個象限圖，一起討論雙方的期望值和未來的理想狀態，避免不必要的溝通落差。

● 上游到下游怎麼完美交接？

接下來，我們可以把「工作的委託或受託」的關係視為一個流程，並結合具體⇅抽象金字塔來思考。

把工作這件事投射到具體⇅抽象金字塔上，就可以解釋工作的自由度如何形成。此外，釐清委託或受託時從抽象到具體的轉換過程，我們或許可以獲得一些啟發，消除工作上的溝通落差。

工作是從抽象到具體的接力

如果將工作中的解決問題，視為「委託」和「受託」這一連串從抽象轉換到具體的過程，那麼委託人和受託人的關係也可以比喻為「從抽象到具體過程中的接力賽」，一方交棒，另一方接棒。

如前所述，一個定義明確的工作單位，可以看作從抽象到具體的轉換過程，投射到具體⇅抽象金字塔上，則可以視為從頂點到底部的流動。

例如，之前以象限圖呈現的四種模式，可以比喻為具體⇅抽象金

圖56　四種交棒方式

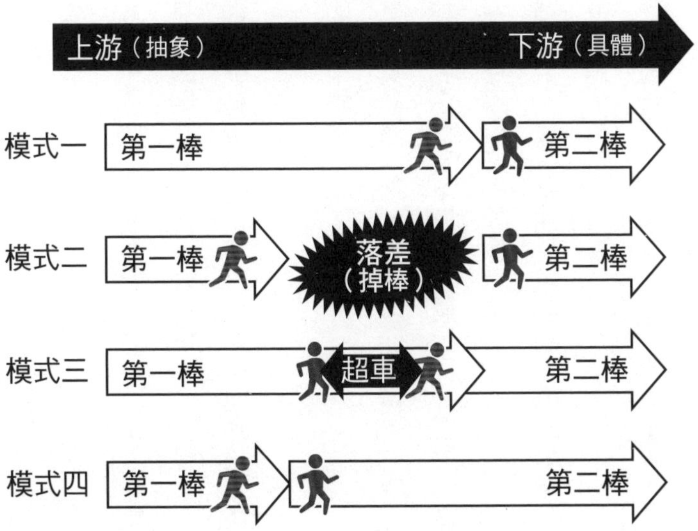

字塔中的上游跑者跑向下游跑者的接力賽，交棒的過程會像是圖56所示。

四種交棒方式

本質上，工作委託就像是委託人交棒給受託人。抽象度高的委託表示是在上游交棒，也就是說，交棒的地方是在上游；反之，具體的委託則是在下游交棒。

另一方面，對被委託的一方來說，所謂的期待就是接棒的位置，也就是他應該要在哪裡等待交棒。

基於這些前提，我們將四種模式比喻成接力賽來思考。

第一種模式，是第一棒將抽象層次降低到某個具體層次後，將接力棒傳給第二棒。

第二種模式中，第二棒等待的位置跟第一種模式一樣是下游的具體層次，但第一棒試圖在抽象層次交棒，這導致雙方出現落差，在交棒過程中「掉棒」了。

第三種模式中，第一棒交棒的位置跟第一種模式一樣，是在具體層次，但第二棒卻以為是在更上游的抽象層次接棒，結果第一棒就追過了第二棒。

最後，在第四種模式中，第二棒的位置跟第三種模式一樣，在上游的抽象層次等待，而第一棒也恰巧在抽象層次交棒。於是跟第一種模式一樣順利交棒。

圖57　工作起點的抽象度與最終成果自由度的關係

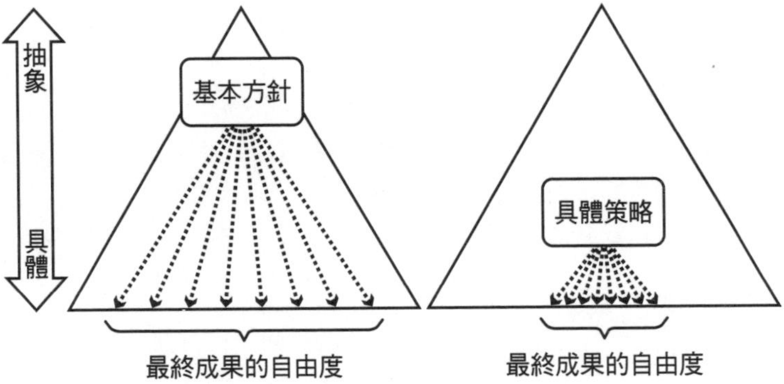

用具體⇅抽象金字塔來思考工作

讓我們把抽象轉換為具體的過程，投射到具體⇅抽象金字塔。

具體⇅抽象金字塔中的接力，就是從上到下的箭頭。頂點是唯一的，不過會有「六十度」的方向性（假設是正三角形），這與田徑或游泳等接力賽有些不同。

這種「擴展」代表自由度。從金字塔的頂點往下發展時，到達底部的著陸點可以是最左到最右的任何一處（圖57左側）。

相對地，如圖57右側所示，當擴展的軸心（也就是工作的起點）往下靠近具體層次時，交棒範圍就會變窄。所以，起點越抽象，具體行動的自由度就越高。

套用到接力賽，我們也可以用上游（抽象）和下游（具體）對應到兩個三角形。

例如，模式1（從具體到具體）在具體⇅抽象金字塔的樣子，就如58左側。上司需要跑更長的距離來給出具體指示，但可以在較大的範圍內找到偏好的交棒處，並給出指示。也因此，上司的三角形看起來比較大。

結果就是下屬的自由度較低，但可以用較少的勞力（小三角形）來完成任務。

與此相反的，是右側的模式4（從抽象到抽象）。

從這些例子，我們可以看出在具體⇅抽象金字塔中，三角形的面積不僅代表自由度，也代表需要耗費的努力。在這個接力賽中，要操

圖58　模式1和模式4

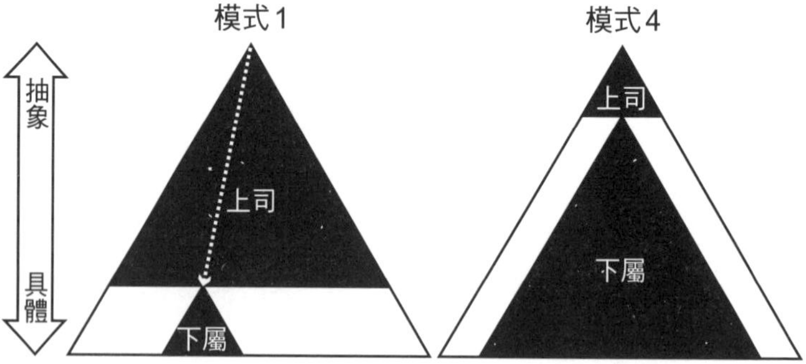

圖59　上司與下屬關係的理想進化過程

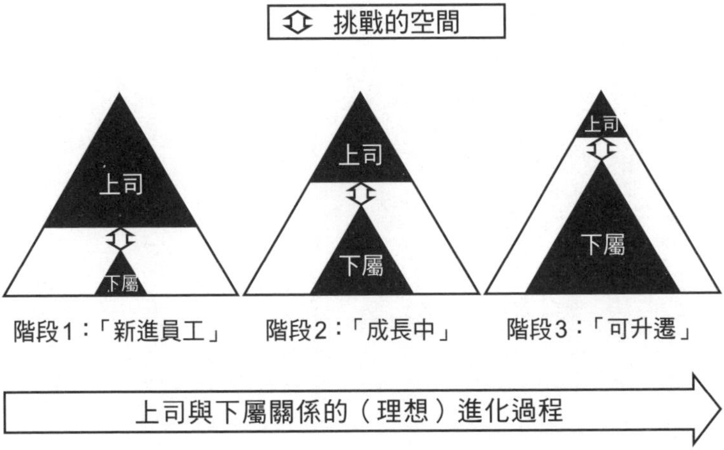

控較高的自由度就需要處理較大的面積，也需要投入更多的努力。

然而，這種努力不一定是那些「橫向世界」會耗費大量時間的事，還包括「縱向世界」中需要深入思考的努力。

要獲得自由度，這種具體化和抽象化的縱向移動也是必不可少的。

上司與下屬關係的理想進化過程

透過具體⇅抽象金字塔的接力賽觀點來思考，我們就可以看出上司與下屬關係的理想進化方向。

首先，交棒的重點在於，隨著下屬的成長，上司應該逐漸增加他們的自由度。更進一步來說，應該將交棒點設置在下屬可以接棒的位置——但在稍微上游一點的地方，讓下屬「主動來接棒」。這麼一來，下屬就可以漸漸到更上游的位置接棒。透過反覆練習，最終接棒處就可以訂在抽象度更高的上游位置。

圖59中的上下箭頭，表示下屬挑戰的空間。如果空間過大，可能會掉棒；反之，如果這個空間變成負數，也就是上司太過具體地介入下屬能接棒的位置，則會削弱下屬的動力。

♜ 概念問題

前述的上司與下屬接力的四種模式，如果要用「具體⇅抽象金字塔」來表示的話，哪一種模式最符合呢？請選擇最符合的選項。

模式1：委託方的指示很具體，受託方的期望也很具體

模式2：委託方的指示很抽象，但受託方的期望很具體

模式3：委託方的指示很具體，但受託方的期望很抽象

模式4：委託方的指示很抽象，受託方的期望也很抽象

圖60　上司與下屬的接力是哪種模式？

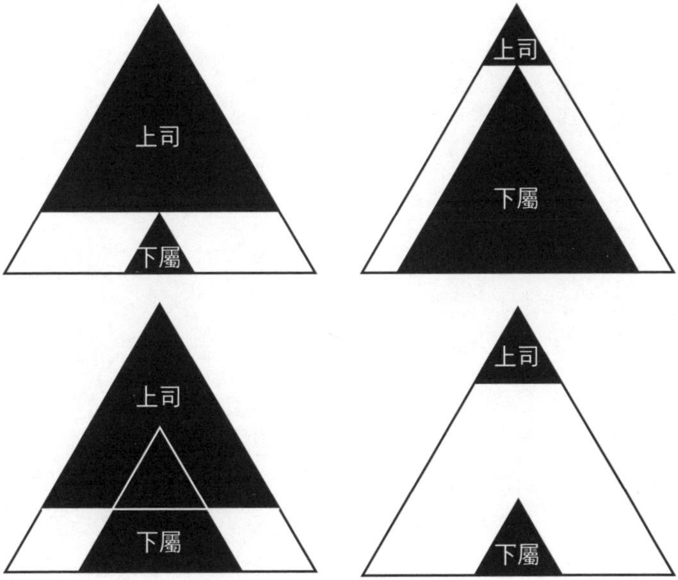

具體與抽象中的專業條件

上司與下屬的關係，也可以拓展到工作中的委託人與受託人。所以前述的道理，也適用於客戶（委託人）與供應商（受託人）。這種關係同樣可以用接力的概念來理解，並且也有四種交棒類型。

基於這些觀點，我們可以推測所謂的「專業」到底是有怎樣的高標準，不論在餐飲業或工程業都一樣。

這其實表示，專業人士能夠用廣泛的具體業務知識，來回應顧客的抽象需求，並提供「最佳著陸點」。如果顧客提出了不合理的具體需求，專業人士會試圖引導對方，回到抽象的本質需求，然後提供更好的解決方案。能不能做到這些事，就是衡量「專業」的標準。

例如，當顧客說「我想吃好吃的義大利麵」時，像是「要煮幾分鐘」、「麵條要多粗」等問題都是多餘的。專業人士應該抓住顧客的抽象需求，然後自動提供最佳的具體方案，這才是工作的精髓。

♖ **應用問題**

請試著評估，當乘客要求「盡快趕到某個地點」時，詢問「要走○○路還是□□路？」的計程車司機，他們的工作會在具體⇅抽象金字塔的哪個位置？

第6章

語言與類比的應用

延續前一章的內容，本章是具體與抽象的應用，將探討「語言」和「類比」。

■詞語的定義與抽象化

首先來談談語言。語言是人類透過抽象化創造出的最強大工具之一，其重要性不亞於數字或金錢，甚至還更為重要。

所以，語言也具備了抽象化的優點與缺點。語言透過「選擇性地截取」而產生了巨大效果，但同時也成為引發各種誤解的萬惡根源，這一點與抽象化的本質相同。

將語言視為抽象化的產物，能讓我們重新思考那些平時不經意使用的詞語。我準備了幾個練習問題，希望你可以動動腦思考。

●行動吧！但「行動」到底是什麼？

練習問題

「光是思考而不行動是沒有意義的。」

「不要一直花時間計劃，趕快開始行動。」

近年來，這種話我們越來越常聽到。

那麼，這裡所說的「行動」是什麼意思呢？作為抽象化的練習，我們來試著這樣定義「行動」這個詞，如下所示。

- 「○○是行動，但╳╳不是行動。」
- 「□□是行動，但△△不是行動。」
- 「☆☆是行動，但★★不是行動。」
- 「▽▽是行動，但▲▲不是行動。」

……

如前所述，給詞語明確的定義很重要，這樣可以避免後續的討論變得毫無意義。例如，如果只把「行動」定義為「實際用身體進行動作」，那依然太過抽象，會讓每個人各自解讀，結果容易陷入常見的溝通落差。

為了明確定義詞語，本書介紹了「是○○，但不是××」的表達方式，我們就用這種方法重新思考這個詞語吧。

在進行抽象化之前，我們先來看幾個具體例子。

①「只是在家裡看書或上網」算是行動嗎？

②「每天在無人島上運動」算是行動嗎？

③「舉辦活動」算是行動嗎？

④「在網路上匿名挑別人語病」算是行動嗎？

⑤「臥床不起，但透過上傳YouTube影片獲得數萬訂閱」算是行動嗎？

⑥「按照上司的指示將商品送到顧客手中」算是行動嗎？

如果要跟練習問題中的「應該付諸行動」的意思一致，結果大概會是：

①否

②否（儘管身體有劇烈運動）

③是

④否（雖然並非什麼事都沒做）

⑤是（儘管身體幾乎沒有動）

⑥否（因為只是「按照指示做事」）

也就是說，這裡的「行動」其實跟「是否進行物理上的身體運動」無關。

那麼，定義這個詞語的軸心（從〇〇的視角來判斷是否為行動）是什麼呢？

例子②提到的「在無人島上運動」不算是這裡所說的「行動」，這是個提示。關鍵在於，「是否對他人產生影響」是判斷標準的軸心。因此，無論在網路上發表多少內容，如果是「非公開」就不能算是行動。

另一個需要考量的軸心是，雖然一樣是在網路上發表內容，但「匿名挑剔他人」通常不會被認為是行動，而自己主動召集粉絲或舉辦活動則被視為是行動。由此可見，「主動或被動」也是相對應的軸心。主動行動，意味著會承擔風險。

總結來說，我們就可以導出一個定義：行動是「主動承擔風險，並對他人產生影響」。

●兩個詞，差在哪？

✎練習問題

「理組」和「文組」的差別是什麼？

在這裡，對這些屬性的理解可能會因人而異。

我們同樣可以用對立的軸心來思考（理組是○○，但文組不是○○）。大家覺得哪種差異（或它們的組合）最符合呢？

- 在高中時，讀理科班的人是理組，讀文科班的人是文組。
- 在大學時，讀理學院（理工醫藥等）的人是理組，讀文史學院（法律、經濟、文學等）的人是文組。[4]
- 主修自然科學的是理組，主修社會科學和人文科學的是文組。
- 講求理性的是理組，不愛講理的是文組。
- 對「物」感興趣的是理組，對「人」感興趣的是文組。
- 講究邏輯的是理組，不講究邏輯的是文組。
- 擅長數學的是理組，不擅長數學的是文組。

必須先說明為何要選擇這種二元對立的方式，因為每當有這種討論時，總有人會對這種二元對立過敏，認為「世界上的人不是那麼簡單就能分成兩類」——不過，這些質疑的人通常只是還不太理解抽象化的思維。

這裡的討論的目的，並非要把所有人都貼上理組或文組的標籤。換個比方，我們在討論「黑或白」的時候，而世界其實大部分都是「灰階」的，那麼我們就需要一個基準來判斷「灰色的程度」，而這就需要「極端的兩極」來作為參考。

換句話說，只有在定義了「零分」和「一百分」之後，「三十分」和「六十分」才能有明確的定位。理組與文組的區分，也可以用同樣的思考模式來理解。我們甚至可以說，大多數詞語的定義都遵循這種架構。

假如這裡的軸心不是對立的，例如：

- 喜歡科學書籍的是理組，喜歡小說的是文組。

這種定義會陷入另一個詞語定義的陷阱，進一步擴大誤解。那喜歡「科幻小說」的人算是哪一類？喜歡非虛構作品或旅遊文學的人又算是哪一類？結果又走入另一個迷宮。

在邏輯思考的領域，有個常見概念叫做MECE（Mutually Exclusive, Collectively Exhaustive：彼此獨立，互無遺漏），而我們使用的軸心也必須遵循MECE的原則才能避免誤解。（或許也可以定義成：會對造成誤解的那種定義「感到不舒服的」是理組，而

4　編注：在日本的學術分類中，經濟學科通常也歸屬於文科，與台灣的分類有所不同。

「不覺得有問題的」是文組……）

♖ 應用問題

這樣看來，為了定義詞語或讓多人之間的定義一致，利用兩方對立的軸心來定義「是／否」是一個有效的方式。

請嘗試用定義「理組和文組」的方式，為以下「相似但不同」的詞語建立出「A是〇〇，但B不是〇〇」的組合（多人一起做會更有趣，也更能看出其中的差異）。

透過釐清「差異」是從哪個軸心帶來的，這樣就可以讓詞語的定義更明確。

- 「漂亮」和「可愛」的區別
- 「聰明」和「會讀書」的區別
- 「想結婚」和「想戀愛」的區別
- 「老爹」和「叔叔」的區別
- 「天才」和「秀才」的區別
- 「思考」和「煩惱」的區別

・「戰略」和「戰術」的區別
・「公平」和「平等」的區別

……你也可以自己出題並做討論。或者，在工作場所或日常生活中，你可以試著使用這種方式來解決誤會。

●語言也是一種目的性的取捨

我在第3章中提過，抽象化是「選擇性地截取」，而語言作為極具代表性的抽象化工具，又是如何進行的？我來舉例說明。

請先思考以下的練習問題。

✎練習問題

你會如何描述這張圖中的人物呢？

假如你是在①～⑤的情境中看到這個人，要表達「有個○○來了」的時候，你會選擇哪個屬性來描述這個人呢？請從以下選項中選擇。

・女人
・年輕人
・中長髮的人
・亞洲人
・戴眼鏡的人
・穿T恤的人

①她是理髮店的店員

②她是歐洲鄉下的便利超商店員
③她是美容師
④她在養老院工作
⑤她是葬禮的接待人員

首先，如果這個人出現在多數客人是男性的理髮店，那最突出的屬性可能是「有個女人來了」；在歐洲的話，則是「有個亞洲人來了」；如果是美容師，那你可能會先看髮型，注意到她的「中長髮」；如果在養老院，「年輕人」可能是她最有辨識度的特徵；而在喪禮上，我們或許會強調的是她「穿T恤」。以上這些，都可能會是我們「想截取出來」的屬性。

我們在描述一個人時，會根據情境無意識地選擇要截取的屬性。不光是人物，我們對物品、事實，或是概念都是一樣。如果有十個詞語，我們每次都會根據需求來選擇合適的屬性，然後重複十次。就算只是一句話，其中所包含的「截取方式」簡直就是天文數字。

另一方面，聽到並理解這個詞的人，應該都不知道對方「在何種情況或條件下」使用這個詞就試著去理解——所以人類在溝通時，能準確傳達原意幾乎是一種奇蹟。

也因此，雖然我們把語言當作最強大的溝通武器，但它其實比蓋在沙地上的樓閣還要不穩固。

❶ 牛肉還是雞肉？

我再舉一個關於語言截取的例子。

搭乘國際航班選擇飛機餐時，空服員可能會問「Beef or Chicken?」（牛肉還是雞肉？）。你或許以為單純是牛肉或雞肉擇一。你可能選了牛肉，但當餐點送上時，與鄰座的餐點一比較，結果發現實際上選擇的是「牛肉炒麵」或「雞肉焗飯」，或是「酸奶牛肉」和「雞肉蓋飯」。

你可能會忍不住想吐槽：「問牛還是雞？根本就不對。」而這種心情正是語言的截取方式所導致。描述一道菜的屬性，有很多種「軸心」，除了「用哪種肉」（蛋白質來源）還有「搭配哪種碳水化合物」（麵或飯），以及「哪種風格」（日式、西式、中式）等。根據個人或選擇的菜色組合，每個人重視的屬性都不相同，所以用「牛肉或雞肉」

這種刻板的截取方式時，就會產生不協調感。

用食物作為例子，就能輕鬆理解這個概念。不過同樣的情況也會發生在人身上。比方說，你需要某人去執行某項短期任務，於是詢問人資打算派來的人有怎樣的條件。你可能會問「是男性還是女性」，不過也有很多「軸心」可以考慮，比如「是菜鳥還是老鳥」、「是後勤還是前線人員」、「是本國人還是外國人」。這種情況下，也可能會出現類似於「牛肉還是雞肉」的問題。

像這樣，我們的溝通其實是由「言語截取」的連續動作所構成的。

敏銳的讀者可能已經發現，本節中的兩個例子也符合前面提到的「貼標籤」機制。我們在描述某個人時，往往會從中挑選出一個自己想截取的屬性，並隨意套用「自己認為合適的」詞語，這正是「貼標籤」的機制。

●溝通只是雞同鴨講？抽象化訓練的視覺化工具

每個人其實都是在用不同的截取方式來使用同一種語言。接下來我要介紹一個將這種現象視覺化的工具，「DoubRing」。

DoubRing可以用九種模式來表現兩個詞語之間的關係，外觀上類似於數學中的文氏圖，但它最大的特點是將這些模式聚焦在「大小關係」和「重疊關係」這兩個屬性，進而讓這些差異可以被量化。

✐練習問題

關於「工作（A）和玩樂（B）」的關係，你會用九種模式中的哪一種來表達呢？請選擇最接近的模式。（DoubRing為了聚焦在前述的兩個屬性，忽略了其他屬性，像是「線條粗細」或上下左右的「位置關係」。這也是抽象化的一種結果）

圖61　DoubRing的9種模式

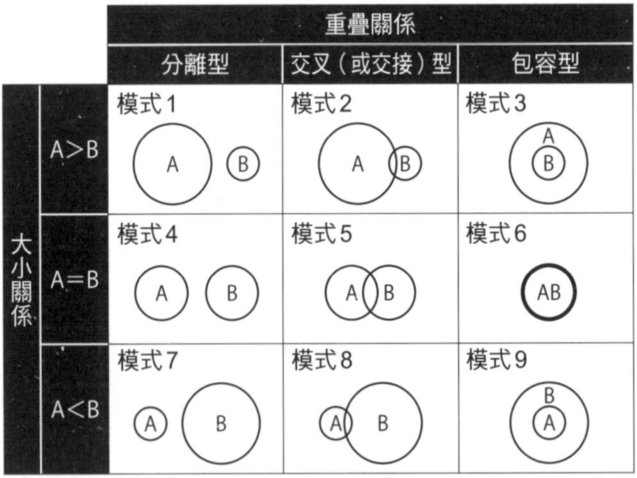

圖62　「工作與玩樂」關係的DoubRing分布

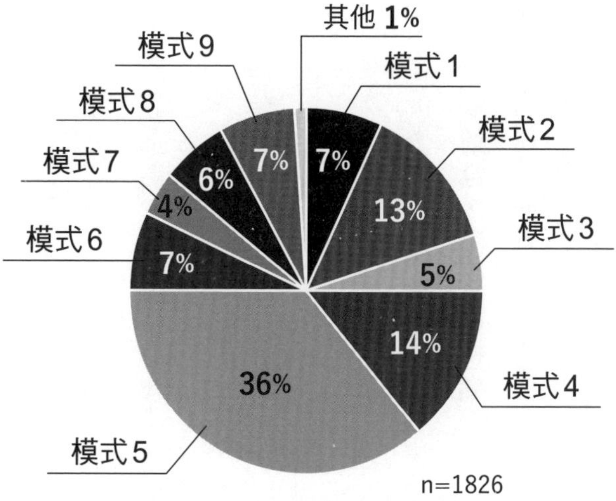

一千八百多名日本人的測試結果，如圖62所示。

由此可見，我們連這樣基本的詞語，在定義上跟理解上也有巨大差異。

所以，我們在討論及思考新工作型態或「工作與生活的平衡」時，就會重新認識到，如果沒有共享彼此對於工作和玩樂的基本認知，直接進行討論的風險會有多麼大。

有些人認為工作和玩樂完全是兩回事，也有些人認為工作就等於玩樂。這些人的基本價值觀不同，自然可想見後續的討論會難以達成共識。

（※有關DoubRing的詳細資料，請參考https://www.doubring-j.com/。和「工作與玩樂」一樣，該網站也收錄了「成功與失敗」、「優點與缺點」、「理想與現實」、「男性與女性」、「父母與子女」、「自然與人類」、「生與死」這七個基本詞語的關係，資料來自世界十六個國家和地區、超過五千個樣本。讀者也可以跟身邊的人分享並討論。）

■類比的應用

類比（Analogy）是抽象化應用的一個例子，也稱為類推，意思是「從類似的事物推測出結果」，也就是從相似的事物中獲得新想法。上述的「相似」不是具體的相似點，而是抽象層次的相似點，這就是類比的特徵。

因此，雖然要找相似點，但類比需要的並不是表面上的相似，而是經過抽象化的「看不見的相似」。類比的思考過程，是抽象化和具體化的一種應用。尋找日常生活中的類比，也是很好的思考模式訓練。

接下來，我們將透過尋找各種事物的共同點，來捕捉類比及其所需的抽象化和具體化的概念。

練習問題
「汽車座位」和「年底發送的月曆」有什麼共同點呢？

在解說之前，我們先來聊聊這種類比問答的共同點尋找技巧（擅長類比思考的人無意識中會做的事），這可以作為普遍觀點的一種提示。

目標是「尋找共同點」，許多人可能會先列舉出其中一個事物的特徵，然後檢查這些特徵是否適用於另一個事物（這通常是無意識的行為）。在這種情況下，從哪一個事物開始才能更快找到答案呢？

從這個角度提問，讀者想必應該有一些概念了。一般狀況下，應該先著眼於「特殊性高」（普遍性較低）的那一個事物。在類比思考的問答形式中，出題者很可能會選擇這種特徵來引導解決問題。

現在讓我們回到「正題」吧。

汽車座位和年底發送的月曆，何者的特殊性更高呢？對這類問題敏感的人應該馬上就會意識到，月曆加上了「年底發送」的限定描述，所以提高了特殊性。

那麼，我們就從這一事物開始思考特徵吧。

到了年底，大家可能會收到許多工作夥伴送的月曆。雖然個人手帳正逐漸被電子設備取代，但桌上型或壁掛式的月曆似乎仍有一定的需求。

我來列舉出這些特徵。

- 是年底的例行活動。
- 各家公司每年都會花費心思準備。
- 雖然是實用性的東西，但多數情況下只是一種問候禮（或紀念品）。
- 有很多這種月曆都沒被使用，最後只好丟棄。

……大概就是這幾點。

當我們把這幾點放在腦海裡，再來思考「汽車座位」時……答案應該就呼之欲出了。

上面列舉的特徵中，與汽車座位的共同點是「幾乎用不到」。說是「幾乎」或許太誇張，但月曆被當作問候禮，公司的高層可能一年就會收到幾十個，而且大部分都會轉送給別人（或直接丟掉）。

此外，汽車的座位在多數情況下都是空的，而沒有坐滿人，甚至可說是幾乎都沒使用。除了大家庭在假日會使用的休旅車，大多數四到五人座的車通常都只有一、兩個人乘坐。

更進一步地說，「大家庭在假日會使用的休旅車」和「工作用車」相比，雖然行駛時座位的使用率比較高，但使用的頻率卻可能低於工作用車。無論是哪一種，大多數座位都是「未被使用」的狀態。

那麼，找到這樣的共同點有什麼意義？

正如上述的兩個例子，我們會發現在現實世界中「大量生產、消費了實際上沒有被使用的東西」。這種「無用的生產和消費」或許在經濟學的角度上並不壞，但思考這些物品近來對地球環境造成的影響，人類顯然還有改進的空間。

近年來，共享經濟（Sharing Economy）的主要動機之一就是減少這種過度的生產和消費。因此，關注這些「實際上沒有被使用的物品」可能有助於解決各種社會問題。

♖ 應用問題

你能想到其他類似的狀況嗎？

（某些東西在特定的群體或時期會出現，例如月曆就有這種不平均分布的特徵。所以思考「是否會在特定群體或時期過度集中需求或供應」是很好的發想起點。）

我們再回到「普遍論」。目前討論的內容，都是啟發「在日常生活中結合抽象化和具體化、啟動類比思考」的提示，也就是說，當你在日常生活中發現一些帶有特徵的現象時，應該重新檢視這些特徵，並想想是否還有其他類似的情況。一般來說，你應該會覺得「很有趣」或「〇〇也常常會這樣呢」。

那麼，你最近有「注意到」哪些獨特的現象呢？

●「摺疊法則」的逆思維

✎ 練習問題

「成功」的反義詞是什麼？

圖63　用摺疊法則思考「成功與失敗」

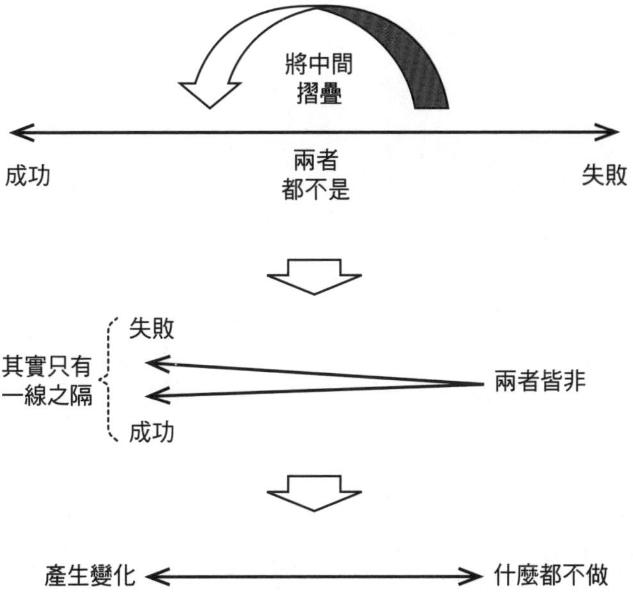

資料來源：「やわらかい頭の作り方」（筑摩書房）

一般來說，人們都認為答案是「失敗」，但真是如此嗎？

請看圖63。一般的想法就像圖的上方所示，成功和失敗是對立的關係（即直線的兩端），線段中間則是「不算成功也不算失敗」的狀態。例如，用數字來表示的話，成功是正一百，失敗是負一百（當然，程度不同的話，數字也會有變化），而兩者都不是的情況則是零。

我們以這條線的「零」作為軸心對摺，將線的兩端重合，就像圖63的中間部分那樣「摺疊」起來。

這麼一來，原本兩極對立的「成功」和「失敗」就會重疊在同一位置，而它們的對立面則變成了「兩者皆非」。

以這種方式看待事物，所呈現出的世界觀會完全不同。

例如，對創業家來說，世界觀不只是成功或失敗之分，而是「做」和「不做」的差別，失敗只是通往成功路上的一步，只要不放棄挑戰，失敗和成功就永遠是重疊在一起的。

♖ 應用問題

請思考一下，是否還有其他類似「摺疊法則」的情況呢？（即一般被認為是對立的事物其實只有一線之隔。）

你有想到什麼好例子嗎？

以下舉出幾個，你會發現這個法則可以應用在各種不同的事物上。

五億資產與五億債務

有些名人會累積好幾億日元的個人債務。

站在普通勞工的角度，由於終身收入可能只有兩到三億日元，會認為那種債務必然是無法償還，甚至會認為這樣一來人生就毀了。但幾年後，那些名人不但迅速償還債務，甚至（看似輕鬆地）再次累積了巨額財富。

這正是「摺疊法則」的一個典型例子。高額債務其實需要良好的信用，要是一般人去銀行「要求貸款數億日元」，幾乎是不可能通過審核的。

這樣看來，我們會有個新觀點：比起「還清三千萬日元的房貸，讓負債歸零」，「從五億的債務中創造五億的資產」其實容易多了。

愛與憎恨

有些人懷有憎恨，為了復仇不惜耗費大量的精力。但從另個角度來看，則與愛人無異。因為如果無時無刻不在想著對方，那無論是愛還是恨，都會在不自覺中為了對方耗費大量時間和心力。如果極度憎恨一個人，卻在某種意義上採取了愛人的態度，這樣真的好嗎？當然，或許將這些精力轉化為積極的力量會更好，但回頭看，這樣真的會覺得人生很充實嗎？

與其對一個討厭的人耗費精力，不如採取與面對心愛的人截然相反的態度，也就是徹底忽視，並將時間和金錢花在自己所愛之人身上——這樣的人生或許會更加圓滿（當然這在理智上很好懂，在情感上卻很難執行，但還是值得一試）。

我們也可以再問，為什麼衝突和戰爭永遠不會消失呢？

如果從「愛與憎恨是對立的」的世界觀來看，那可能是因為「愛不夠」，但從「愛與恨只有一線之隔」的世界觀來看，這是因為「有愛」。為什麼會產生憎恨？通常是因為我們所愛的事物（人事物或價值觀等）受到了傷害，使我們有這種情感反應（應該沒聽過有人會因為家裡螞蟻被踩死了，而跑去攻擊鄰居吧）。

因此，從「摺疊法則」的世界觀來看，世界上的戰爭（甚至是人與人之間的紛爭）永遠不會消失。如果消失了，那就表示人類不再是人類了（不再關心他人）。

五星與一星評價

現在，無論是選擇餐廳、飯店或書籍，顧客評論已經成為決策過程中的重要因素。這些評論通常會使用五顆星的評分系統。

最高評價為五星，最低評價為一星，兩者代表了評價的對立「兩極」。其中值得注意的是「給出星星」的評價者的角度。當然，從正面或負面的角度來看，高低評價兩者顯然是對立的。不過，我們也可以使用摺疊法則的不同視角。

或許可以說，「給出一星或五星的人，其實可能是同一類人」（或說給出五星評價的人，也可能給出一星評價）。或許可以這樣想，五星的「非常棒」和一星的「完全不行」的評價中，很可能包含了某種情感因素。

相對地，覺得「普通」或「不好不壞」而給予三星評價的人，或許也可以解釋成他們的情感沒有太多起伏。

而給予四星和二星評價的人，留言通常會是「雖然○○很好，但○○不行」這種形式，這表明評價者能夠冷靜看待事物的優缺點，往往來自那些比較理性的人。

從這個角度來看，我們可以提出一個有趣的假設：「要讓給出一星的人改成五星，就某種意義上來說，可能比讓給三星的人改成五星要容易多了。」（這是一種讓顧客從黑轉粉的策略）。

此外，對於創意工作者來說，三星評價有時比一星更具侮辱性。這些創意工作者最討厭「平庸」，他們知道越是創新的事物，評價就越是兩極。

長處變短處，短處變長處

這個觀點應該不需要多解釋了吧。一個人的長處在不同情況下可能會變成短處，反之亦然。

例如，親切這個長處，如果過度表現，可能會變成多管閒事；完美主義看似是長處，但如果過於追求完美，可能會導致無法容忍自己或他人的錯誤，這樣就成了短處。

人們一般會認為長處和短處是對立的，從這種角度出發，就會產生盡量矯正短處以增加長處的比例的想法，進而讓整體變得更好（見圖64的上半部）。

然而，從「摺疊的價值觀」來看，在矯正短處的過程中，也有可能抹殺了長處，最終導致「整體的優勢減弱，失去個性」，陷入一種平庸的狀況。

圖64　用摺疊法則思考「長處與短處」

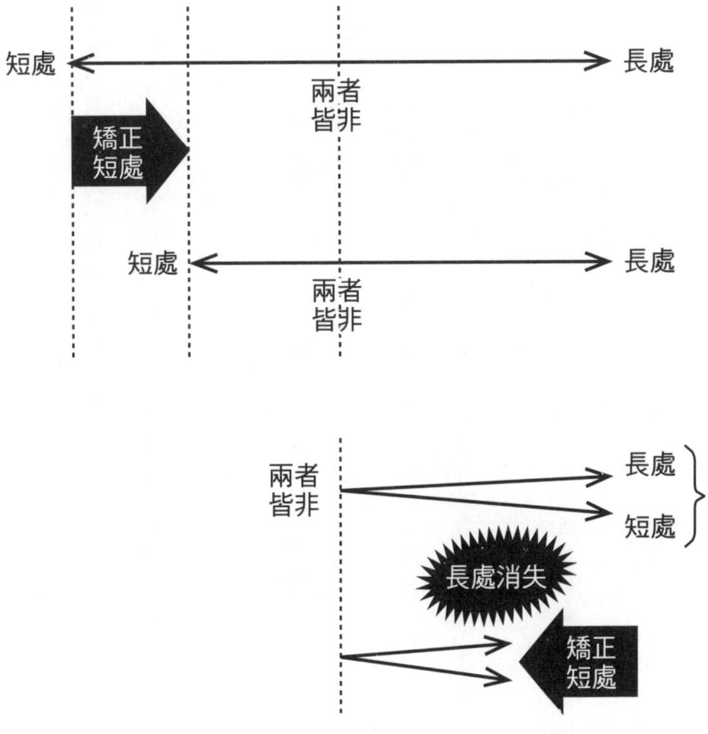

摺疊法則的其他應用情境也是如此。這並不是說哪種觀點是正確的，但對於那些苦惱於自身短處、想矯正卻無法成功的人來說，這裡提供了一個不同的視角。

與其矯正自己的短處，不如將自己放在能發揮這些短處的環境中，將其轉化為長處——這樣的策略或許更有效。以上的思維模式可能會對你有所幫助。

愛抱怨的人，和能產生大量創意的人

在公司裡，最受認可的是那些積極提出創意的人；相反地，最不受認可的人是那些只會抱怨的人，而介於兩者的是那些「單純完成工作」的人。

這裡再次出現了正面、負面和中立的三種情況。按照摺疊法則，正面和負面其實只有一線之隔。在這個例子中，創意者和抱怨者其實也只有一線之隔。這兩種人都擅長「發現問題」。

我們可以看到，當你掌握了某一種事物的「結構」後，其中的概念會有很高的通用性，可以應用於各個領域。而兩種人的區別在於，是否能將問題轉化為正面的創意，還是只停留在抱怨階段。

換句話說，比起那些從不抱怨、總是「面帶微笑」的人，經常抱怨的人其實更可能有創意的潛力。這就是摺疊法則的啟發。

進步與落後

近年來，談到數位化的進展時經常出現「蛙跳效應」（Leapfrogging）這個詞。最著名的例子就是：在固定式電話尚未普及的國家，手機的普及速度反而更快。同樣道理，中國和印尼的數位支付和無現金化的發展速度，則遠遠超越歐美和日本等二十世紀的先進國家。

這些例子都表明，某一代技術上落後的國家，反而在下一代技術上超前。這是因為，一個世代的資產在轉移到下一代時，反而會成為負擔（就像搬家時行李越多越麻煩）。此外，已經滿足於現狀的人也不喜歡變化，而感到不便的人則更渴望變革。

因此「落後」和「進步」其實只有一線之隔，這符合摺疊法則。

摺疊法則也適用於本書所說的橫向智力（即知識量）。某一代的專家在面對時代變遷時往往會抗拒，外行人卻反而能更快適應變化。

●拍一張照片多少錢？

隨著時代的進步，每張照片的成本逐漸趨近於零。

在底片相機時代，每張照片的沖印成本大概是幾十塊日元。像是旅行或運動會等活動結束後，通常會有相冊的樣本，每張照片都有編號，讓想要沖洗照片的人傳閱選擇。

當時沖洗照片的成本高昂，大家通常會精選出最需要沖洗的照片。

不過，這一情況因為數位相機的出現而徹底改變。雖然數位相機和記憶體也很貴，但隨著時間推移，價格逐漸下降。例如，現在只要用幾千日元的裝置就可以記錄好幾百張照片（實際價格取決於儲存裝置和檔案的

圖65　一張照片的成本變遷

大小等條件），每張照片的額外成本大概只有幾塊錢，和底片時代相比已經大幅減少。

隨著雲端技術的發展，現在其實已經不太需要儲存裝置，每張照片的額外成本幾乎降到零。

照片的例子是明顯而易於理解的。隨著數位化的發展，音樂等媒體的儲存裝置也經歷了類似的過程，每首歌的額外成本也趨近於零。

我們將這些現象普遍化，可以歸納成是一種「零邊際成本」的趨勢，會在各領域中發生。把照片成本的變化過程抽象化成「數位化導致邊際成本趨近於零」，我們就能讀懂社會上更多的變化趨勢。

♖ 應用問題

我們來想想看還有哪些東西，也因為數位化導致單位成本大幅下降，跟照片的額外成本因為數位化而降低一樣。那些案例的額外成本的降低方式，與照片相比有什麼不同？

●手寫信到ＬＩＮＥ，我們經歷了什麼？

人們的溝通方式歷經了毛筆手寫信↓硬筆手寫信↓電子郵件↓社交網路平台（即時通訊應用程式）等一系列演變。過程中發生哪些變化？我們用抽象化和普遍化來思考，並探討這些流程是否也適用於其他領域。

這裡，我們將比較兩個極端的例子：「毛筆手寫信」和「ＬＩＮＥ或Slack等即時通訊應用程式」。

重視形式還是重視內容

手寫信有明確的形式規範，毛

圖66　手寫信與社交網路平台的比較

筆信更是如此。就算不談卷軸的時代，所謂的「封書」需要使用規定的信紙，小心放入信封、封好並貼上郵票……這些都是物理上的形式。此外，還需要遵守一些規則。比如說，要加入「時令問候語」，以及在特定位置使用「敬啟者」、「敬上」等形式化的詞語。

相較之下，社交網路的訊息則不需要在形式上耗費精神，重點是傳達訊息。因此，手寫信主要用於正式場合，而在非正式場合，社交網路即時訊息的占比則壓倒性地高。

「準備好再謄寫」還是「出錯了再改」

手寫信，尤其是用毛筆或原子筆等無法擦除的工具書寫時，因為「不能失敗」，需要充分準備，甚至先打草稿。一旦開始書寫，通常要一氣呵成，基本上沒辦法修改。

相對地，電子郵件讓修正變得簡單，打草稿基本上已經變得沒有必要（雖然「寫到一半」也叫作草稿，但這跟手寫時代的草稿不同），變成了「邊改邊寫」的過程。隨著社交網路平台的普及，連原本寄送電子郵件之前會做的檢查（如誤字、漏字等）也不做了，人們更傾向於「快速傳送」，除了犯下嚴重的錯誤才會做修正，變成「意思對了就能忽略細節」的心態。

「花半天寫一封信」還是「花三秒傳一百則訊息」

這些導致準備時間和傳送頻率發生了根本性的變化。手寫信可能需要花半天時間才能完成一封，而在社交網路平台上，幾秒鐘就能傳送一則訊息，一天可以來回數百次。這是一種從「低頻率長週期」到「高頻率短週期」的轉變。

如前所述，這裡有兩種極端的溝通風格，也就是「重視完成度」或者「重視速度」，在其他領域也可見一斑。有些環境下，花時間追求較高的品質是最重要的，但在另一些環境下，最重要的是速度，並在其中不斷試錯。

一個很好理解的例子，是「傳統大企業或政府機構的工作方式」與「新創公司的工作方式」，正好體現出這兩種溝通風格的差異。

同樣地，系統開發理論中的「瀑布模型」和「敏捷模型」也是建立在這種差異機制上。日本傳統大型系統整合商的工作方式，與GAFA類型和開發小型應用程式的創業公司相比，其中差異反映了相同概念。

後者常見的「反覆原型測試跟永久的測試版」的思維，不僅影響到軟體開發，還會影響到公司或組織的運作方式，以及個人的行事風格。

在變化劇烈且數位化過程加快的時代，開發「原型」的成本降低，所以社交網路即時通訊類型的那類流程，將會擴展到更多領域。

●讓馬拉汽車？具體抽象的啟示

圖67是美國在汽車剛出現時的象徵性照片。麻薩諸塞州南塔克特島（Nantucket）是最後一個禁止汽車上路的地區之一，所以郵差將汽車裝扮成馬車，由馬來牽引，形成一幅非常滑稽的畫面。

不過，如果把這張照片抽象化，那你可能會發現這種滑稽的景象其實常常出現在我們身邊。之所以「滑稽」，是因為當事人往往沒有

圖67　一九一〇年代美國的馬拉汽車照片

※參考資料：Yesterdays'Island, Today's Nantucket <June 2. 2016> "Clinton Folger's Horsemobile And His Fight to Allow Cars"<by Amy Jenness> https://yesterdaysisland.com/clinton-folgers-horsemobile/

意識到自己的行為有多麼可笑。

用馬車的思維來操作汽車，顯然沒辦法發揮出汽車真正的性能。汽車的速度不能夠超越馬，否則可能會傷害到馬——這樣做根本毫無益處。所以，我們需要先更新操作系統，也就是思維模式，這樣才可以正確使用新的「應用程式」。

由此可知，就算出現了新技術或新想法，但使用者如果還是抱持舊有的思維，那就無法發揮出新技術的潛能——把這一現象進行抽象化，就能推導到其他領域，發現其中普遍性的結構。

這種現象的架構如圖68所示。

圖68　用舊有的標準來評價新事物時

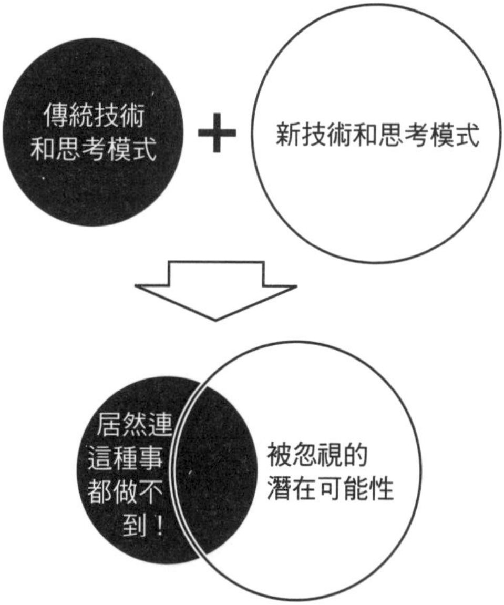

的。

許多情境都會出現「用舊有的價值觀和標準來評價新事物」的情況，例如以下列舉

- 某公司為了提升職場多元性，而招募外籍員工，但最後卻用「日文能力」的舊有標準來評估表現，結果認為他們「無法勝任」。
- 某一代人在倡導「思考重於知識」的教育方向中成長（如日本的寬鬆教育），卻因為缺乏基礎知識而受到批評。
- 明明談的是虛擬貨幣這種「新概念」，卻使用舊的標準，像是問「這到底算不算是貨幣」。
- （如第5章所述）用下游的想法來處理或評價上游的工作。例如，從事受託開發型工作的系統整合商，他們做上游的諮詢業務時，經常會出現這種現象。

接下來，我們來看看現在日本社會中相當普遍的「用馬拉汽車」的狀況。

試圖用「製造業信仰」的思想來推動數位創新

二十世紀席捲全球的日本製造業，可以說是日本人和日本社會的價值觀與製造業追

求的價值觀完美結合的成果。然而，這種價值觀在數位革命時代卻可能成為創新的限制。

為了生產均質且低廉的工業產品所需的價值觀，也就是「製造業信仰的教條」，如圖69所示，這些價值觀成為限制有以下幾項原因。

圖69　製造業信仰的教條

- 變異是壞事
- 要用規則統一大家的步調
- 工作不能個人化
- 失敗必有原因，絕不能重蹈覆轍
- 盡可能標準化
- 設定指標並進行管理
- 效率化是最重要的

·差異是壞事

工廠品質管理中，最基本的原則是「消除變異」，這裡說的是消除統計機率分布中的標準差，也就是將數據向平均值集中。工廠內各種加強品質的活動，幾乎都把消除差異當作最高目標。而這種面對差異的思考方式，認為均質化才是好的，吻合了日本社會「棒打出頭鳥」的價值觀。

不過，這一種「盡可能降低多樣性」的價值觀，剛好會阻礙數位創新所需要的新視角。

・盡可能標準化

製造業的信徒努力把一切事物標準化，並整合其方法。他們認為「個別應對」是錯誤的，並致力於消除差異以實現標準化。因此最重要的就是，將同一產品以最有效率的方式，統一提供給單一市場的客戶。

在大數據和AI發展的背景下，需要用數據來對每個客戶需求進行客製化調整——這與製造業的教條理念完全相反。

・日本的學校是「製造業信徒」的培養工廠

事實上，這種價值觀與二十世紀的學校價值觀完全一致。也就是說，學校滿足了產業的需求，透過學校教育「大量複製」這種價值觀。

如果把學校當作「均質且高效率的工廠」，就會發現日本的學校與其構築的日本社會，正是建立在「製造業信徒」的價值觀之上。

這裡使用「信徒」以宗教作為類比，是因為在製造業中，這種共享價值觀的情況與宗教有相似之處。

・橫向教育與縱向教育的基本理念不同

價值觀的差異也會反映在教育的基本理念中。培養橫向能力與培養縱向能力所需的要素，在某些情況下可能需要截然不同的思維模式。

不過，這些思考差異常常被混淆，並且被一概而論。尤其是在日本，過去的教育強調「橫向價值觀」，長期以灌輸知識為主，所以讓轉向培養「縱向價值觀」的思考能力教育變得很困難。這是一個結構性問題（本書的目的之一就是對此提出解決方向，也是筆者一直努力的事）。

圖70　「橫向教育」與「縱向教育」

橫向教育	⇔	縱向教育
● 客觀測量容易		● 客觀測量困難
● 資料和教科書很重要		● 資料和教科書是次要的
● 成果與時間成正比		● 成果與時間不成正比
● 提升水準很重要		● 突顯個性很重要
● 只要動手做，誰都會		● 懂的人才懂
● 老師很了不起		● 老師只是催化劑

以下游資訊的ＩＴ思維，轉向上游的顧問諮詢

在ＩＴ（資訊科技）的世界中，從下游到上游的轉型運動正在積極發展中。以往按照客戶需求進行開發的「下游」角色，如系統整合商，如今越來越重視積極解決客戶問題的「上游」工作，這在數位革命的動盪時代中越來越重要。儘管如此，轉型的速度卻十分緩慢。

其中一個主要原因在於，多數人都用下游的思考來處理上游的工作。這正是前面提到的思維結構問題，關鍵就在於具體與抽象的視角。

在下游，具體性是關鍵，所以只需要處理具體、明確的需求規格就可以了。不過，上游的工作需要一定的抽象概念，甚至要在承擔風險的狀況下積極提出建議。因此必須打破原有的價值觀，並以新思維來面對新的挑戰。不過，還是有很多企業使用下游的想法來處理上游的工作，這導致了矛盾，於是無法順利進入上游。

- 從「重視實績」轉向（沒有人做過的）「創新」
- 從「找到答案」轉向「找到問題點」
- 從「完美計劃後再行動」轉向「邊行動邊調整」

這些從下游到上游的轉換，如果不改變基本的思考方式，將永遠無法取得進展。

●拉麵店的上游↓下游思考

練習問題

①你想吃拉麵時，會選擇什麼樣的店呢？請將拉麵店（店面之外的也可以）分成三到四種類型。

②接著，請考慮每種模式的優點和缺點（對店家和顧客而言）。

③最後，請思考除了拉麵店之外，還有什麼其他商品或服務可以用不同方式經營？請思考拉麵店的營運模式如何套用到其他領域。

①的解說

一般來說，我們可以把拉麵店大致分為三種類型。

首先，是由店長兼老闆自己創辦的「原始一號店」。常聽聞這種模式的狀況是：有位熱愛拉麵的上班族，辭職之後開了一家店。

接著，當這家一號店廣受好評，成為排隊名店時，通常會順理成章地開設二號店、三號店等分店。

如果顧客持續增加，分店數量就會進一步擴展，最後以全國連鎖的形式擁有數十家分店。

在這個階段，通常分店的店長都是由創辦人親自指導的學生們擔任。不過當成長速度加快，這種方式便無法滿足需求，於是會將湯底和製麵方法標準化，然後招募加盟店，將品牌擴展到全國各地。

不過，這種方式能服務的僅限於「能到店裡來（或在外送範圍內）的顧客」，無法服務其他地區的潛在客戶。

如果想進一步擴大市場，就必須把產品包裝成即時食品等方式，藉此大幅延長保存期限，然後透過便利商店或線上通路進行販售，把產品幾乎賣給所有人。

整體來說，吃拉麵的方法大致可以分為以下四種類型，如圖71所示。

②的解說

從原始一號店開始，隨著發展到第二→第三→第四家，店鋪的特色和目標客群的特性也會發生改變。

首先，從人力資源（勞動力）的角度來看，最初當然是由老闆再加上少數幾個員工開始做，由自家店裡雇用的人員（無論是正式或非正式員工）所組成。在這個階段，無論好壞，店鋪完全由這些直接相關的人員經營。

隨著規模的擴大和人員的增加，自然會開始運用外部資源。例如，加盟店會由各地的加盟店店長經營，以及商品化之後由便利商店、網站等的銷售代理。

整體如圖表所示，直到擴展分店的階段之前，主要是依靠內部資

圖71　吃拉麵的四種方法

	資源	個人依賴度	味道獨特性	銷售數量	標準化
1.原始店	內部	○○○○	○○○○	○	○
2.分店	內部	○○○	○○○	○○	○○
3.加盟店	外部	○○	○○	○○○	○○○
4.速食拉麵	外部	○	○	○○○○	○○○○

源，而在後續的加盟店和商品化階段則主要是依靠外部資源。

這對產品的品質（拉麵的味道）有很大的影響。

在以上的背景下，企業隨著規模的擴大，總是會面臨要品質還是產量的取捨困境。

③的解說

我們已經了解這種「結構上的相似」，接下來要思考如何套用到不同領域。比方說，我們可以想到以下幾種狀況。

・一般產品或服務的開發都是同樣的流程

以拉麵這個大家都很熟悉的例子來看，幾乎所有的產品或服務在創始到擴展的過程中，遵循的流程可說是幾乎相同。

起初由創辦人獨立經營，然後「親傳弟子」來經營分店，接著建立系統化和標準化流程，使任何人都能操作，最終透過與外部公司的合作來擴大規模。

過程中會出現各種問題及解決方案（後續會提到），而這些問題和解決方案在其他事業中幾乎都可以預測，並且有許多相應的案例。

軟硬體產品的領域或許比較容易理解，但其實這個概念也適用於專業服務。

・質與量的取捨

質與量的取捨，是這個階段永遠的課題。

參與的人越多，確實可以增加數量，但品質必然會趨向於「任何人都做得到」的水準。你幾乎不會聽到一家有一百間分店的餐廳得到米其林三星的榮譽。

餐廳的發展過程與拉麵店很相似，會從「只有特定人物才做得出來的菜色」到「任何人都做得出來的快餐」，品質逐漸轉變為數量。

在這個過程中，管理階層常常會面臨「要如何選擇」的問題，而經營決策將以此為中心打轉。當然，這裡所說的「品質」是指「只有特定的人才能製作」。數量增加可能會提高採購能力，因此用更低成本買到相同品質的食材，或透過大量生產來減少品質的波動。

・選擇哪種模式是個人喜好的問題

我們已經解釋了從「第一家店到即食產品化」的拉麵店的「進化」過程，但正如前面提到的質與量的取捨，這只是在追求數量時產生的結果，並不是說哪一種階段才是好或壞。

有些人懷抱職人精神，喜歡在自己的店裡「面對每一位顧客」，並親手製作所有產品；有些人希望自己的品牌可以接觸到更多顧客，甚至是遠在異國他鄉的消費者。因此，這完全取決於經營者或公司的政策，是一種個人偏好的問題。

• 在組織中的工作

在階層型的組織（如公司）中，向下委派工作的過程，幾乎也跟拉麵店的擴展過程一樣。

首先，管理者會自己親自處理工作，並隨著業務擴大開始雇人，為了把業務進一步外包，還會進行流程化和系統化。這個過程幾乎基本上跟拉麵店的擴展過程一致。

那些「喜歡親自完成所有工作」的管理者，可能會難以把工作交派給下屬，就好比「對味道有自己堅持、懷抱職人精神的拉麵店老闆」也絕對不會把自家拉麵做成泡麵——以上兩者的結構幾乎完全相同。

・**從新創公司到大企業**

公司的進化過程也是如此。

從「完全由內部人員處理」起步的新創公司，隨著成長，逐漸無法只靠「真正理解創業者（及其理念）的人」來支持公司運作，所以會在某個時間點擺脫對個人的依賴，步入建立系統的階段。

之後，公司也會從直接銷售轉向代理銷售，從內部開發轉向外包或開放式創新，這樣的演變傾向跟拉麵店的例子也是一樣的。

●第一印象很重要？商業的應用

> **練習問題**
>
> 讓我們思考一下，給人良好第一印象的人在商業上會有什麼利跟弊。

有些人給人良好的第一印象，有些人則不然。雖然直觀來看，好的總是比壞的好，但事實不總是如此，之前的「摺疊法則」已經說明過了。

第一印象良好的人在很多方面都能受益。在商業上，這種人能夠讓對方願意聽他們說話，在建立初期信任方面會有強大的優勢。

然而，這一優勢只要稍有不慎，也可能變成劣勢。

太完美的第一印象，反而會讓「第二印象的衝擊力減弱」。相反地，第一印象不好的人更可能在之後改變他人看法，只要在第二次表現正常，就可能留下更好的印象。

這也反映出一種心理學現象，即「人們對變化和相對值的敏感度，高於絕對值」。這種傾向在價格方面尤為明顯。我們覺得某個東西很貴，是因為我們會拿它跟市場行情或類似產品做比較，而這種「與上一次比較」的評估標準會大大影響我們的感覺。

我們第一次看到較貴的價格，之後再看到稍微便宜的，就可能會覺得價格便宜，就算以絕對值來看還是很貴。相反的情況也經常發生。

所以，如果「只見一次面」，那第一印象當然要好；但對於「長期來往的人」來說，良好的第一印象不見得那麼重要。

把這個原則延伸到商業，我們會發現，一次性消費的領域會比較注重外觀（字面上的視覺設計和廣告），而依賴回頭客的領域則會更加注重內涵（實際功能）。

我們常常以為「頂尖業務員」都是外表出眾、口才流利的人，但實際上，有些頂尖業務員可能是外表平凡無奇、言語樸實的普通人。這與「獲得客戶信任的機制」有密切的關係。

●應用在廣泛的工作領域

專才與通才

我們常聽到「專才」和「通才」兩個詞。大家普遍的印象是：專才精通特定領域、通才博而不精。不過，這種理解是基於本書所說的「橫向世界」的價值觀。

請看圖72。

首先，左半部的圖代表從橫向價值觀來理解，通才是「廣泛而淺薄」，而專才是「狹窄而深入」的形式，兩者的差別只在於寬度和深度。

如果從本書的具體和抽象的縱向脈絡來看，兩者的差異也可以理解為抽象程度的不同。通才不僅僅需要擁有廣泛的淺薄知識，更重要的是，他們需要能夠抽象、全局地理解事務，然後跨領域掌握這些概念。

應用在日常生活

讓我們將前文提到的抽象化與具體化概念，嘗試應用到日常生活上，把物理上的現象轉換為精神上的現象，來鞏固這種思維模式。

這樣的練習不但可以幫助我們重新理解：人類如何將物理現象重組成精神現象，創造出

圖72　專才與通才

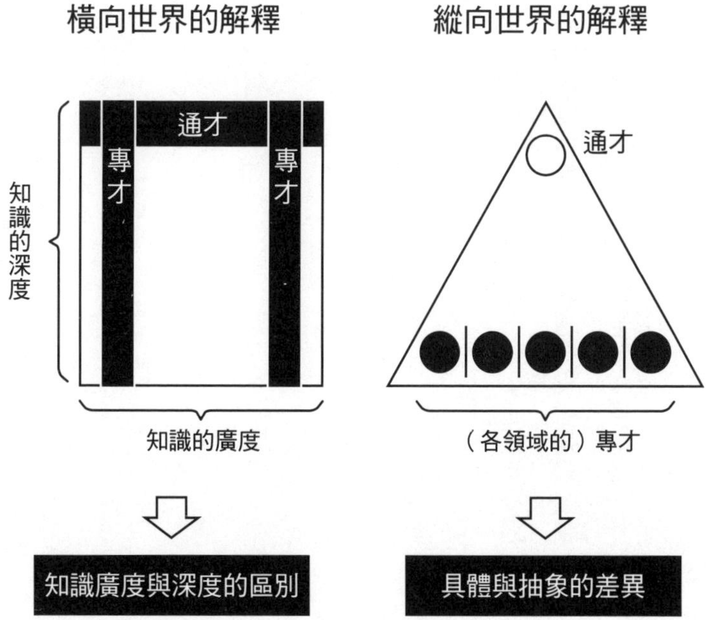

「另一個世界」。同時，我們還會由此發現日常生活中的無數練習機會。

以下是一些作為練習問題的例子。

♜ 應用問題

・從騎自行車中學到的事

騎自行車時，你是否感受過「迎面風」隨著速度加快而變得越來越強呢？如果將這種經驗轉換為精神層面，該如何解釋呢？

（「迎面風」這個詞本身就是一種類比。）

・吃到飽的托盤

你是否在吃到飽餐廳，使用過那種被分成九宮格的正方形盤子呢？這種盤子跟一般的大盤子相比，會不會影響到消費者的取餐行為？如果將這種現象轉換成精神層面的現象，你能不能推理出，這種變化是如何影響人們的思維，進而改變行為呢？

（當盤子被分成小格時，人們往往會「不自覺地想填滿所有格子」、「但每一格的食物量會減少」。這種變化在精神層面上會如何體現呢？「九宮格盤子」又可以轉換成什麼樣的類比？）

・噪音中的睡眠

你有沒有在大聲播放音樂的地方，不知不覺睡著過呢？這種現象該如何應用到精神層面？

（如果突然播放相同音量的音樂，所有人都會被吵醒，但長時間聽著卻反而讓人在不知不覺中睡著。這種現象是否可以套用到其他情境中？）

第7章

具體與抽象的使用注意事項

●找到你的思考軸心

讓「具體與抽象」這個軸心融入到我們的思維模式——本書希望強調這件事的重要。溝通落差產生的原因，不在於能否具體或抽象思考，而在於能否「掌握具體與抽象的視角」，以及能否「在此軸心上定位當下發生的事情」。

當你擁有這種視角，大部分的問題其實都可以迎刃而解。因為只要能夠發現問題，幾乎就已經解決一半了。那些看似難以解決的問題，往往是因為我們根本不清楚問題的本質。

所以，本書更側重在問題的發現，而不是解決。透過把這些問題視覺化，讓你思考最終的解決方案，這將會是一個絕佳的具體化訓練。

●解決問題，先確立前提

正如本書反覆強調的，抽象化就是「選擇性地截取」。由於截取的一方或者聽取的一方，往往都沒有意識到這一點，這正是溝通落差的一個主要原因，如第5章的詳細說明。

所以，避免這種情況的方法很明確。我們只需要在使用語言或確認要解釋的內容之前，釐清「在什麼條件下」和「出於什麼目的」這些前提即可。

看到第6章介紹的DoubRing結果的多樣性，有些人可能會覺得：「本來結果就會有差異啊，畢竟每個人的前提條件不同，自然會有不同的結果。所以，在定義不明確的情況下、提出模糊不清的問題，本身就有問題。」其實，這正是DoubRing想要引出來的反思。

我們在日常溝通中，使用了成千上萬的詞彙，卻沒有「逐一定義或確認前提條件」。DoubRing想傳達的其中一個訊息就是，我們的生活是建立在多麼模糊和隨意的基礎上。

我們在探討「你錯了」或「這個觀點更正確」這一類「對與錯」的問題之前，應該先充分確認：這件事發生在什麼情境、發言者是出於什麼目的，以及行動背後的限制條件。如果不做這些確認就進行討論，那根本稱不上是討論，只是一種「證明自己正確」

的過程。如果我們能夠了解到這一點，社會上就能減少許多不必要的摩擦。

●抽象到具體是雙面鏡

有些讀者可能會想：「我終於明白為什麼跟某人無法溝通了，因為他只談論具體的事情。我應該教他抽象的概念，讓他理解。」

很抱歉我要潑個冷水，但這種努力大概會有百分之九十九都是徒勞無功的。如第3章解釋的，抽象的世界只有「看得見的人」才能看見。相反地，具體的世界所有人都看得見（因為這就是具體的定義）。所以看得見抽象的人（準確來說，是能看見具體與抽象的人）可以理解只看得見具體的人，但反過來卻不成立。

這種「已經察覺的人」和「尚未察覺的人」的關係總是如此。例如，呼籲環境問題的人，他們知道「某些問題對人體或地球環境有巨大危害」，而迫切希望更多人知道。但這只會成功傳達給那些「想要察覺的人」，而對於那些「根本不想察覺的人」來說，這不但沒用，還可能指責「多管閒事」，導致雙方都不愉快。

因此，對於有些「已經察覺的人」的言論，最好是抱持著「讓他們隨意表達，讓有意願的人去支持」的態度。

從這個角度來看，本書也可以說是一場「規模浩大的自言自語」。

●跟笑點一樣，懂的人就懂

大家是否有過這樣的經驗？

幾個朋友在一起聊天，有人講了個笑話讓大家捧腹大笑，但只有一個人不懂笑點，還追問：「咦！這有什麼好笑的？」

這時，懂笑點的人會努力向不懂的人解釋，但最後對方還是似懂非懂地說：「哦，原來如此。」這樣也就算了，但「解釋笑點」這種徒勞的行為，經常會讓原本開心熱絡的氣氛變得微妙，讓人陷入「早知道就不解釋了」的尷尬狀態。

這種「懂的人一聽就懂，不懂的人怎麼解釋也不懂」的情況，正是笑話和具體與抽象世界的共同點。

試圖向不懂（或不想懂）的人解釋自己所看見的世界的樂趣，就像解釋笑點一樣，往往是徒勞的。本書的目標讀者便是鎖定能理解（或願意理解）這些概念的人，原因就在於此。

●抽象思考的人為什麼沒耐性？

> **練習問題**
> 你越來越擅長抽象思考，這時靜靜地聽別人說話會覺得很痛苦。為什麼？請試著從具體與抽象的觀點思考看看。

那麼，我來說明一下。請看圖73。

這裡展示了具體與抽象之間溝通落差的結構圖。具體與抽象的不同特徵在於，抽象的世界著眼於共同點，認為「一切都是相同的」，而具體的世界則著眼於差異，認為「一切都是不同的」。這就是導致溝通落差的主因。

對於能夠用抽象層次理解事物的人來說，日常的各種話題很容易就會成為「似曾相識的故事」。如果他們看出足球、戲劇和職場人際關係的話題之中的相同結構，就會覺

圖73　「靜靜地聽別人說話會覺得痛苦」的原因

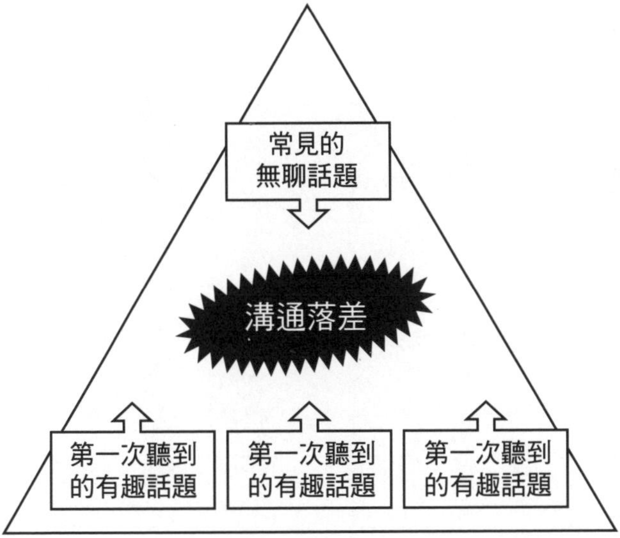

得「又要聊這個嗎」。

這麼說明，你應該就可以懂，為什麼那些人會越來越無法聽別人說話。

你會對第一次聽到的話題有興趣，還是對已經聽過二十次的話題有興趣？答案顯而易見。對於抽象化能力強的人來說，聽著周圍那些具體層次的談話，說話者就好像「每天講同一件事卻不記得的老人」。

換句話說，擅長抽象化又能耐心傾聽的人，必定是非常有耐心和人格魅力的人（他們內心可能經歷過常人無法想像的掙扎）。

同樣道理，抽象化能力強的人在周圍人眼中往往像是「三分鐘熱度」。這也是顯而易見的，因為有些事情在別人眼中似乎都不一樣，但他們看來都只是像鑽孔那種反覆進行的簡單工作。

●你是哪種讀者？具體抽象看閱讀

最後，讓我們從本書的主題「具體與抽象」的角度來探討「閱讀」這個行為的未來發展。

首先，書籍所傳遞的訊息可以分為兩大方向：一是抽象的模型或法則，二是具體的方法與技巧。前者以學術理論為主，後者則以商業方法書作為典型（如果你想反駁：「書才不可能這麼簡單就分成兩類，還有很多其他類型！」那麼請翻回第3章和第4章）。

兩者之中，具體內容的書籍將逐漸被部落格和YouTube等網路媒體的內容取代。因為具體的內容，追求的是即時且片段化的資訊，書籍在這方面根本無法與網路媒體競

圖74　閱讀和「具體與抽象」的關係

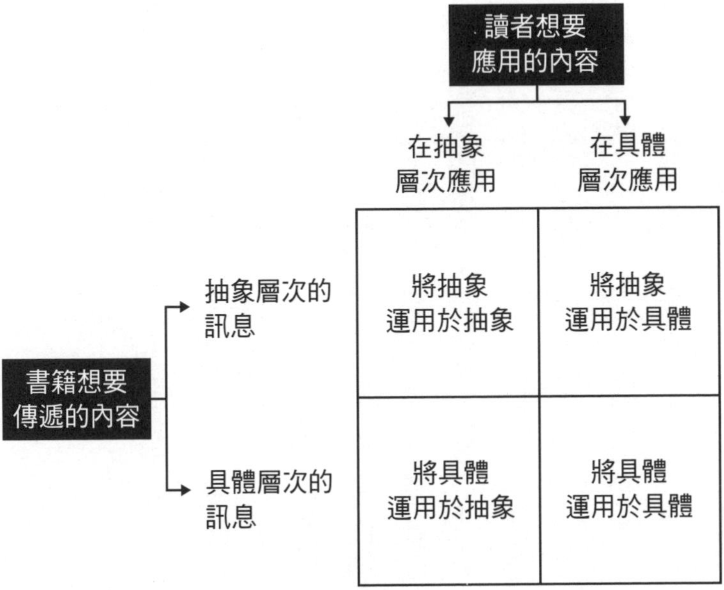

爭。

相反地，傳遞抽象層次的訊息是只有書本才能達成的任務，這種形式將會永遠存在。要思考全局的連結性和概念性的結構，只靠零散的網路內容是很困難的。

另一方面，讀者也有兩種選擇，一種是在抽象層面運用內容，一種是在具體層面運用。我們把內容的提供者（書籍）和接受者（讀者）的兩者組合起來，就如圖74所示。

我們假設這個矩陣能表現出讀者實際上應用的場景，則可以得出以下：

- 左上：將抽象運用於抽象——這種方法適用於純學術的領域，例如將學術書籍中的理論進一步發展。像是哲學或數學書籍，抽象程度通常都很高，但讀者並不是從「有什麼用處？」的角度來看待這些書，而是純粹為了掌握其中概念的應用（或只為了滿足知識上的好奇心）。
- 右上：將抽象運用於具體——這種方法是將抽象模型套用到自身的世界，透過具體化加以運用。雖然讀的是理論性或高度抽象的書，讀者也能將抽象轉化為具體，並應用到自己的行動中。書本的概念越抽象，則越會提高通用性，所以帶來「超過頁數的價值」。在具體↓具體的運用方法中，一本一百頁的書就只能發揮一百頁的內容，不多也不少，但一本高抽象度的書籍，其中一百頁的內容可能濃縮成十頁，也可能擴展到兩萬頁。

  這樣運用書本的人，會認為書中最有價值的是抽象的部分，他們不喜歡「應該這樣做」的具體書籍，因為缺乏了「自己思考」這種閱讀最大的樂趣。
- 左下：將具體運用於抽象——有時候我們看小說只是為了享受，但也可以在具體的故事中推導出抽象層次的人生啟發（或許作者也想藉由故事傳達），然後進一步具體化，並應用到自己的生活。這需要發揮「抽象化能力」。

● 右下：將具體運用於具體——這正是實用書籍的典型使用方式。讀者不喜歡抽象的敘述，而追求「現學現用」的具體資訊，不需要經過抽象化或具體化思考。

那麼，本書的定位在哪裡呢？

一本書「不可能這麼簡單就分成兩類」，而本書正屬於中間地帶。筆者在本書以及先前的著作中一直力求「傳達抽象且具高度通用的思維模型，但解釋時採用具體的例子」。

在此要區別「具體例」和「實例」，前者只是具體性質較高，而後者則是「實際發生的」。本書列舉了許多「具體例」，但大多數並非「實例」。

在非虛構作品、企業家或經營者的自傳中，這樣的實例非常重要，讓這些書透過描述具體事例來傳達具體的訊息。相較之下，對於本書這樣傳達高度抽象訊息的書籍來說，具體例不一定要是實例。

實例雖然真實且具說服力，但畢竟只是例子，反而可能讓人陷入本書所說的「具體

↓具體」思考中「有成功先例，所以應該照著做」的邏輯誤區。

本書對讀者也有些期待。筆者預設「抱持著期待打開這本書」的讀者們，都希望能從書中的具體例子理解抽象模型，並具體地應用到自身情境——也就是在抽象化與具體化之間來回穿梭。

結語

感謝你讀到最後。

除了本書讀者，也希望「具體⇅抽象」這種縱向價值觀能讓更多人知道。這就是我撰寫本書的動力。

我們有時也會看到一些公認具備豐富知識和教養的人，在不同時空用不同的字詞不斷解釋，但有些狀況其實可以用「具體與抽象」的軸心一語道破。

這在「混淆上游與下游」的情況中也很常見。他們沒有釐清「是在上游還是下游」的前提（他們大概認為某一邊就是全世界，所以沒意識到有這個問題），於是乎，全世界都因為互相矛盾的意見（例如，是「集結多方意見才能成功」，還是「人多的會議是浪費時間」）進行無謂的爭辯。

只要掌握了高度抽象的概念，很多事情就可以一次解決。希望能透過本書推廣「具體與抽象」的概念，可以減少無謂的爭論，也希望能重整停滯不前的下游世界，從而產生創新的清流。

決定具體⇅抽象思考力的關鍵在於主動性。因為「水往低處流」，要將這種傾向變成上下運動，需要意志的力量。

此外，在主動性決定成敗的世界裡，殘酷的兩極分化只會越演越烈。因為主動或被動的態度，會影響一個人日常行為的方向，而不同的選擇會迅速與他人拉開極大的差距。

這也是縱向與橫向價值觀差異的一個例子。如果只是傳授知識，雖然也能造福被動的人，讓所有人稍微提高水準，卻無助於培養思考能力（日本企業界常講的「提升水準」，也是橫向價值觀的例子）。

正如我在前言與內文中所述，在未來的世界裡，主動思考能力的好壞將決定你成為「使用ＡＩ的一方」還是「被ＡＩ使用的一方」（被納入ＡＩ或機器人建構的系統）。

那些只會聽從「父母」（公司）、「上司或前輩」、「客戶」指示並忠實執行命令的人，將越來越容易被納入ＡＩ或機器人構建的系統（如果能接受這種安排，也算是幸福人生）。

我想，本書的讀者至少會覺得「開什麼玩笑」。

希望大家能把「具體⇅抽象」這一概念，作為未來憑藉「主動思考能力」開創人生的武器。

最後，感謝ＰＨＰ研究所的中村康教先生，繼「後設思考」之後，給我機會把「具體⇅抽象」這個「難以理解」的概念，以訓練書的形式出版。

二〇二〇年二月

細谷　功

國家圖書館出版品預行編目 (CIP) 資料

具體抽象思考術 / 細谷功著 ; 林以庭譯 . -- 初版 . -- 新北市 : 一起來出版 , 遠足文化事業股份有限公司 , 2024.11
面 ; 14.8×21 公分 . --（一起來 ; ZTK0055）
譯自 :「具体⇄抽象」トレーニング　思考力が飛躍的にアップする 29 問

ISBN 978-626-7577-03-5（平裝）

1. CST: 思考

176.4　　113013231

一起來　0ZTK0055

具體抽象思考術

「具体⇄抽象」トレーニング 思考力が飛躍的にアップする29問

作　　者　細谷功
譯　　者　林以庭
主　　編　林子揚
編輯協力　鍾昀珊、張展瑜

總 編 輯　陳旭華 steve@bookrep.com.tw
出版單位　一起來出版／遠足文化事業股份有限公司
發　　行　遠足文化事業股份有限公司（讀書共和國出版集團）
231 新北市新店區民權路 108-2 號 9 樓
(02) 2218-1417
法律顧問　華洋法律事務所　蘇文生律師

封面設計　Dinner illustration
內頁排版　宸遠彩藝排版工作室
日本版圖表製作　櫻井勝志
印　　製　通南彩色印刷有限公司
初版一刷　2024 年 11 月
定　　價　420 元
I S B N　978-626-7577-03-5（平裝）
978-626-7577-01-1（EPUB）
978-626-7577-00-4（PDF）